橘木 俊詔
Tachibanaki Toshiaki

日本の経済学史

法律文化社

はじめに

輸入学問「経済学」の歴史をひもとく

残念ながら日本の経済学者はまだノーベル経済学賞を受賞していない。自然科学と文学の分野では多数、しかも平和賞まで受賞しているが、経済学賞はもう50年以上にもなるのに、受賞者ゼロである。本書でなぜそうであるかを論じるが、有力な候補者のいたことも事実である。そういう人も含めて日本の経済学者がどのような軌跡を残してきたかを、歴史として探究、評価するのが本書の目的である。

日本の経済学は輸入学問の典型である。まずイギリス、フランス、ドイツを中心にして経済学が勃興し、それを明治時代になってから書物や論文として翻訳に務め、徐々に日本でも経済学が浸透した。なぜヨーロッパで経済学が始まったかといえば、イギリスの産業革命を機にして資本主義が隆盛することとなり、それを解明するのが経済学だからである。

では日本で経済学がなかったかといえば必ずしもそうではなく、ヨーロッパの経済学を知らずに江戸時代に商業、工業、貨幣のことなどを分析していたのであり、そのことも紹介してみたい。とはいえ基本は明治・大正時代に続々とヨーロッパの経済学が導入され、華々しい発展を遂げることになった。

本書の特徴

本書の特色の一つは、輸入学問であったとはいえ、イギリス、フランス、ドイツなどによって経済学説に顕著な違いが存在したのであり、その違いが明確に理解できるような記述に励んだ。当時の日本の経済学者は外国語にとても強く、言語の違いなど問題なく吸収に努めていたのである。戦後になるとアメリカの経済学が最強となり、眼はアメリカに向けられた。

もう一つの特色は、資本主義の発展は経済学にいろいろな理論なり主張を生むようになったのは当然であるが、それが現実にどのような学説として開花したかに注意を払う。代表的には資本主義を擁護する近代経済学と、それに反対するマルクス経済学の存在である。日本の経済学界はこの両者の存在、そして対立によって振り回された感があり、時代の進行に応じてどちらの経済学が優勢であったかを、やや詳細に議論する。

経済学はこの二大学説が大きな歴史の流れを制してきたが、他にも経済学者を魅了した学説があった。例えば、ドイツの歴史学派の流れを汲む社会政策学派があり、近代経済学の中でも新古典派とケインズ派の相違がある。さらに、アメリカではマネタリズムが一派を形成した。分析手法や目的の違いから、数理派、非数理派、歴史派、政策派、哲学派といったようないくつかの種類もある。本書ではこれらの種類の違いに格別の注意を払って、それぞれの種類の持つメリットとデメリットを分析した。当然のことながら、日本の経済学者がこれらの種類の中でどの種類に惹かれたかの分析を行った。

これに関しては、経済学者が自己の研究成果を公表するときの言語として何を用いるかの影響がある。研究成果を読む人が日本人であるなら日本語でよいが、外国人に読んでもらおうと期待すれば、日本語ではほぼ不可能である。そうすると英語などで公表する必要性があるが、日本語と欧米語の違いが大きいのでそれはそう容易ではない。

この言語の問題が、日本の経済学者の成果を世界に知らしめるには、大きなハンディになっているのである。これに関して、日本の経済学者で世界的に有名になった人の大半は数理経済学者であることが明らかにされる。数学や統計を多く含む論文であれば、日本人でも比較的容易に書けるからである。今後は日本人の英語力がもっと向上すれば、このハンディは小さくなるものと予想される。

経済学とは：俗世間の真中にあるがゆえに多様

日本ではマルクス経済学（通称「マル経」）と近代経済学（通称「近経」）の不毛な対立が深刻で、それが学問の発展を阻害したし、社会に対して経済学が役に立たない学問であるとの印象を与えてきた、との解釈が強い。そういう面のあったことを否定はできないが、それぞれの学派内で理論と政策の分野での発展はあったたし、現実の経済をよくするとか、人間社会をうまく機能させる役割を果たしたことも本書で明らかにする。

実は、経済学は人間生活と結びついたことを研究するだけに、悪く言えば俗世間の真中にいる学問である。やや誇張すれば、どうすればお金持ちになれるか、逆にどういうときに貧困に陥るか、あるいはどういう企業が効率的になれて、どういう企業がそうでないかなどを扱うので、政策担当者も関心を持つ学問である。金融、貿易、労働、財政、社会保障など、政府の政策が重要となる。そこで官庁で働く人も経済学に関与してくるし、マスコミ関係者も経済の動向を世に報告するので、経済学に関心を持つ。

もとより、大学に所属する経済学者、政府で働くエコノミスト、企業で財務、労務などを担当する人、マスコミで経済記事を書く人、では役割がかなり異なる。本書ではこれら役割の異なる人々がどのような仕事をしているか、あるいは役割を果たしているかに注目する。

もう一つの関心は、経済学者になる人がどこでトレーニングを受けているかである。日本の大学であればどこの大学であるか、誰の指導を受けたのか、そしてアメリカの大学院で教育を受けた人の功罪についても言及する。さらに研究者になった人がどこの国に留学したかも大きな関心であるし、その影響力にも注意を払う。

経済学史を語るとなると、結局はどういう経済学者がどういう学問成果を世に問い、それがどう評価されたかに帰着する。そこで本書でも、特定の個人名を列挙して、それらの人がどのような成果なり主張をしたかを詳しく記述して、それを客観的に評価するというのが中心課題となる。

もとより、経済学の現状を分析して自己の学説をつくり、かつ公表するときは、背後にある経済事情がどうであるかを経済学者が知っているかが前提となる。そこで本書では経済学の主張した学説の背後にある社会状況、経済状況を明らかにすることを欠かせなかった。やや誇張すれば、俗世間の真中にいる人々の経済生活、あるいは企業経営の現実を念頭におきながらの経済学史の記述なのである。

経済学（者）への願い

最後に、不幸なことに経済学は優れて男性の学問であった。これまでの五〇年にもわたるノーベル経済学賞の受賞者のうち、女性は一人だけの受賞にすぎない。日本の代表的な経済学会である「日本経済学会」においても、女性の会長はまだいない。とはいえ日本でも少数ながら価値のある経済分析をしてきた女性が存在するので、それらの人を何人かについて記述した。筆者の学生時代の経済学部では、女子学生の数は限りなくゼロに近かったが、現代では女子学生比率は二〇〜三〇％前後になっている。今後は優秀な女性経済学者の出現が期待できる。

本書では日本の経済学史を江戸時代から始めて、現代までを幅広い視点から分析することに務めた。残念ながらノーベル経済学賞の受賞者はまだ日本にはいないが、本書に啓発されて若い優秀な人が経済学の研究に励むようになってほしいものである。

二〇一九年七月

橘木俊詔

日本の経済学史―目　次

第1章 江戸時代の経済思想

経済学のない経済思想

江戸時代の日本においては経済学と呼べる学問はまだ存在していなかった。日本の経済学は明治時代に欧米からの輸入によって開花したのである。徳川幕府による江戸時代と同じ時期にヨーロッパでは経済学が、イギリスのアダム・スミス、フランスのフランソワ・ケネー、ドイツのフリードリッヒ・リストなどを代表として出現したのである。ヨーロッパにおいては国によって発展の時期に違いはあるが、産業革命によって工業を中心にした資本主義が勃興していた。経済学が学問として発展する素地がヨーロッパにはあった。一方の日本の江戸時代では農業が中心であり、小規模の商工業がみられるにすぎなかった。

経済学はその時期の経済の姿なり動向に関心を寄せて、それを学問として理論化するのであるから、日本に資本主義の萌芽がなかった江戸時代に、ヨーロッパ流の資本主義解明の経済学が出現する素地はなかったのである。しかし、江戸時代における農業や商業をどう理解したらよいかという経済思想は存在していたので、この章ではそれらを簡単に論じておこう。やや誇張すれば、江戸時代の思想家はヨーロッパにおける経済学を何も知らなかったので、彼たちの経済学は独創性が高かったという解釈が可能である。

江戸時代の経済を本書の関心だけに限ると、次の三つを指摘できる。第一に、幕藩体制の下で農民は米を中心とした農業生産に励み、年貢を大名に払うという封建制の中にあった。支配階級である武士はこの年貢で生活していたし、土地を保有する地主にも権力があった。いわゆる士農工商の身分社会であった。最近では士農工商はそれほど厳格ではなかったとする学説が有力であるが、それについては言及しない。第二に、鎖国の時代だったので外国貿易は例外を除いて存在せず、国際経済への関心はなかった。第三に、江戸時代も中期以降になると、農産品、工具、家具、繊維製品などの商取引が盛んになり、商業の発展がみられたし、それに伴う貨幣経済の進展があった。

第一の点を解釈すると、支配者である藩主と武士は被支配者である農民を隷属させ、かつ搾取していたとみなせるので、封建社会であった。ヨーロッパではこの封建社会を打破すべく市民革命が起きたのである。その後資本主義の時代に入ると、ヨーロッパにおけるマルクス経済学が資本家と労働者の支配・被支配関係を解析して批判したのはあまりにも有名であるが、この関係が武士と農民の間にも存在するとみなすことは可能である。これに関しては熊沢蕃山《ばんざん》が価値ある主張をしているので、後に言及する。

第二の点に関しては、幕末になってから欧米諸国が開国を迫るようになり、開国した日本は外国貿易や外交の問題での対処が必要な時代となるのである。これに関しては後に考察する。

第三の点を解釈すると、士農工商の身分社会においては表面的には最下層にいる商人が、実質的に地位を高めることになる。さらに商業の発展と貨幣経済の進展は一部の商人が富豪になる可能性を与えることとなり、経済の実権を握ることとなる。支配階級たる武士の地位を脅かすことになるし、明治時代に栄える商業資本家の誕生につながるのである。商人の地位を高めた底流には石田梅岩の思想があるので後に言及する。

熊沢蕃山（一六一九－九一）

熊沢蕃山の人生と思想についてはモーリス＝鈴木（一九九一）、川口（一九九二）、川口ほか（二〇一五）から知りえた。ここではそれらに加えて筆者独自の解釈を述べてみたい。熊沢は岡山県の浪人の家に生まれ、一〇代のときに藩主の池田家に雇用されたが、二〇歳になって確かな理由もなく藩を去るという人生から始まった。収入がないだけに経済生活は困窮を極めたが、この経験が彼の思想形成に大きな影響を与えたに違いない。でもその間に儒学の勉強に励み、二二歳のときに近江の儒学者、中江藤樹《とうじゅ》に弟子入りした。彼の代表作『翁問答《おきなもんどう》』は一六四〇年に出版された。

中江藤樹は陽明学（儒教の一派である朱子学への批判派である）に傾倒していたが、熊沢は徐々に藤樹から離れて独自の思想を形成し始めていた。その後池田家に再び仕えることとなり、政治の世界を直接見る経験をした。支配階級の武士は自分では何も生産せずに、権力という笠を頼りにただ農民を支配しているにすぎないという矛盾を知ることとなった。ここで江戸幕府における主たる宗教である儒教の一派である朱子学は、武家の支配論理を正当化した宗教として有名であることを知っておきたい。

熊沢は農民の貧困問題に大きな関心を寄せ、その理由の一つとして武士は自分で米の生産に励まず権力に依存して税金という年貢を徴収して生活しているにすぎないとして、武士も農民のように米などの生産に励むべしと主張するようになった。かなり過激な思想であるし、モーリス＝鈴木（一九九一）の解釈するように、ケネーの重農主義に通じるところがある。

重農主義とは経済の本源的生産の源は農業にある、という経済思想でありフランスで始まった思想である。熊沢は、封建領主や地主が農民に重税を課していることを批判して、もっと農業を育成し農民を大切にする必要があると主張していた。武士や藩主への批判をしたので、彼の著書『大学或問《だいがくわくもん》』も販売禁止になった。時の権力者である武士、藩主を批判した熊沢と、ケネーの重農主義には共通する点がある。熊沢は決してケネーのことなど知らなかったので、熊沢は独自に今で言う重農主義を主張していたと理解するのは、多少の過大評価もあるが記憶していてよい解釈である。

もっともここで一つの矛盾がある。陽明学から離れて朱子学に接近した熊沢であれば、礼節を重んじ、親子間、上司と部下の間の主従関係を大切にと主張する朱子学は、武士階級の精神的主柱であったので、熊沢は基本的に保守主義者であったとの意見がある。つまり、農民重視の経済思想とは矛盾があると解釈できる。この矛盾を解く一つの鍵は、朱子学は宗教なので心（あるいは精神）のことを語っているのに対して、重農主義は物質（あるいは経済）のことを語っているので、両者の間に矛盾はあってもよいとの解釈もありうる。筆者としては後者の解釈が好みである。

石田梅岩（一六八五－一七四四）

石田梅岩の役割は、江戸時代における士農工商という身分社会において最下位にいる商人の地位と、産業としての大切さを向上させた主張にある。士農工商とは職業の地位の序列を示したことに加えて、職業における世襲制を是認した点に特色がある。すなわち武士の子は武士に、といったように親子間の職業継承を促したのである。

もっとも最近になって江戸時代の士農工商制は、言われているほど厳格な制度ではなかったとの学問的主張がなされるようになり、小学校の教科書においても士農工商の紹介のないものもあるほどである。とはいえ、武士の世界だけは最上位にいる支配層であったという事実は否定されるべきではないし、武士の子は武士という継承もかなり厳格であった。

これに関する筆者の見解は次のようにまとめられよう。武士とそれ以外の職業との間には明確な区別があったが、農工商という順位はそれほど厳格ではなかったし、これらの職業の間で親子間の移動は相当にみられたのである。とはいえ幕藩体制は、食料を生産する農家は人間が生きるために絶対必要との認識から農家を上の位置に上げようとしたし、商人は農産品や工業といったモノの生産を行わずに、ただ商品を横から横に流すだけで利潤を上げているという賎しい仕事しかしていないとの判断から、商人を最下位に置く判断をしていたのである。

正にこの見方を証明するかのように、石田は商人の子として生まれたのではなく、現代の京都府亀岡市で農家の出生であった。一一歳のときに京都の商人のもとへ丁稚奉公に出た。一時は実家に戻ったこともあったが、商人としての生活は四五歳まで続けた。梅岩は商売をしながら思考の中にいて、神道や仏教の勉強に励んで、思索を重ねていた。そして自己の思想を庶民に教える場を設けて、市民の思想家としての顔も持っていた。

梅岩の思想は熊沢蕃山ほど過激ではなく、むしろ穏健であった。彼の主著『都鄙問答《とひもんどう》』の中では、自己の最下位としての商人の地位を否定することはなく、背後にある士農工商制は社会の安定のためには存在してよく、どの職業に就くかは天命とみなした方がよいと考えた。商人の地位を意図的に上げようとはしなかったのである。

彼の貢献は商売という行為そのものの価値を重くみなした点にある。商業とは商品を人から人へ、横から横に流すだけの行為であったとしても、それが利潤を生むのであれば立派な経済行為であると主張した。それによって人々が欲しい商品を調達できて、人々の生活がスムーズに進むのであれば、人間社会への貢献を果たしているとみなしたのである。

梅岩の経済思想を現代の視点に立脚して解釈すると次のようになる。古典派の経済学は企業の利潤追求を行動原理の第一歩とみなすし、それが経済発展の基礎になるので、誰も利潤追求を批判することはない。むしろ利潤最大化の原理が経済効率を達成する条件と判断する。資本主義のメカニズムを解明する古典派経済学の論理を、梅岩は江戸時代に既に主張していたと理解してよい。敢えて言えば、古典派経済学は工業の分野を念頭にして利潤を肯定したが、梅岩の経済思想は商業の分野を念頭にしていた違いがある。

もう一つの違いは、アダム・スミスに始まる古典派経済学の利潤原理は、売上高（あるいは生産高）マイナス労働と資本のコストを利潤と定義して、数式として表現した。賃金と利子率が与えられた下で、どれほどの労働と資本を調達すればよいかまでを理論として完成させていたが、梅岩の利潤観にはそこまでの考察はなかったので、経済学ではなく経済思想にとどまっていたのである。

最後に重要な点を指摘しておこう。西欧における資本主義経済論の先駆けとみなせる『国富論』を出版したアダム・スミスは、もともとは道徳哲学者だったので、『国富論』に先立つ前に『道徳感情論』を出版して、経済取引や商取引における道徳の重要性を説いていた。すなわち取引の相手を騙したり、不正な取引や暴利をむさぼることを戒めたのである。自由取引を是とする資本主義であっても、非道徳的な行為を排除したのがスミスであった。

実は、梅岩も同じことを主張していて、不正な取引による不当な利潤獲得には警鐘を鳴らしたのである。おそらく彼の思想的背景には仏教や儒教という宗教による思考があったと想像できる。スミスの場合にはキリスト教的倫理観もあったが、道徳哲学という学問の成果から得た思考とみなせる。スミスの道徳哲学については堂目(二〇〇八)が有用である。

ここで筆者の強調したい点は、西欧と日本という、ごく一部のオランダを除いてほとんどまったく交渉のなく、しかも情報の交流のない両地域において、梅岩とスミスという二人の思想家が非道徳による取引をほぼ同じ時期に、独立の視点に基づいて否定していたことにある。

横井小楠《しょうなん》(一八〇九―六九)

ヨーロッパの植民地主義が頂点に達していた頃、日本の江戸幕府は鎖国政策を続けていたが、諸外国が一九世紀の半ばの幕末期に日本に開国を迫ってきた。その代表は一八五三(嘉永六)年のアメリカ・ペリー艦隊の来訪であった。日本国内は開国か鎖国かの論議が沸騰したが、その中で開国論の代表として横井小楠を考えてみよう。

小楠は熊本藩の武士の息子として生まれ、藩校で儒学などを学んでから江戸に出て、自立した思想家・学者として身を立てた。福井藩の松平春嶽《しゅんがく》に招かれて、そこで教育と藩政に参与した。

彼はもともと儒学による保守思想の持主であったし、最初の頃は開国論を取っていなかった。しかし欧米諸国の開国圧力が強まったのを見るにつけ、徐々に開国論に傾いていった。小楠は福井藩の学校で教えながら洋学に接すると、欧米諸国の技術、軍事の強さを知るところとなり、もし開国せずに鎖国を続けていると軍事力の強い欧米諸国によって、日本が植民地化されることを恐れたのである。欧米諸国は富国強兵策の成功によって国が強くなったのであるから、日本も富国強兵策を採用すべしと小楠は考えたことが、著書『国是三論』によって書かれている。明治時代に日本は殖産興業と富国強兵を二大政策目標として掲げることになるが、その先駆けの主張をしていた一人が小楠なのである。

なぜその思いが開国論につながるかといえば、日本国内において調達できない種々の産品や技術を外国貿易によって輸入できるというメリットを強調したからである。そして外国貿易の担い手は民間ではなく政府の仕事と考えたので、国家が率先して開国して自らが貿易を行うべし考えたのである。欧米であれば重商主義の思想に近い。結局は開国論が優勢となり、幕末に江戸幕府は開国したが、外国との不平等を認めた開国であった。例えば関税率の不公平、外国人の処遇などで不平等を認めざるをえず、明治新政府の重要な外交政策はこの不平等条約を是正することが課題となったのである。

筆者がなぜここで小楠を論じたかに関しては、彼を実学教育の重要性を説いた人物の一人として評価するからである。これらに関しては橘木（二〇一〇、二〇一四b）参照のこと。実学とは現実の世の中で技術や産業の発展に寄与する学問のことを意味するが、小楠は欧米諸国の軍艦、船舶、大砲、火薬、諸々の機械、天体学などの優秀性に接して、これらの水準を欧米諸国並みにするには、理学、工学、語学、天文学、経済学などの実学をもっと発展させる必要があると考えたのである。今までの日本は儒学や国学などの精神哲学に特化していたことの反省である。明治時代における実学教育を提唱した代表人物は慶應義塾を創設した福沢諭吉であるが、小楠はその先駆けとして大切な人物である。

大坂の堂島における米・先物取引

経済学説ではなく、世界最初の取引方式が日本で開発されており、ここで記述しておく。それは米取引における先物取引の導入である。堂島は一八世紀江戸時代での米の売買市場だった。

通常は現価格に応じて、物々交換か現金決済がなされるのであるが、堂島では先物取引が世界に先駆けて導入された。先物取引とは、将来のある日にあらかじめ決定された期日に、現時点で取り決められた価格での売買を約束する取引のことをさす。一見投機につながるような取引であるが、うまく運営するとリスク回避策として有用である。現代ではこの先物取引は世界中で多くの商品取引で用いられている。日本で独創的な取引方式が導入されたのは価値がある。

第2章

明治初期と輸入経済学

明治維新

一八六八（明治元）年に江戸幕府に替わって明治新政府が誕生した。これを民主主義を目指した市民革命とみなすのは困難である。天皇を権力の頂点にしたので君主制の国であったし、政府も薩摩、長州といった有力藩出身のエリートが担っていた。明治時代の中期に議会が設立されたが、その権限は天皇の権限に勝るものではなかったし、議員選挙権も国民全員に与えられたのではなく、一部の人に限られていた。すなわち高所得の男性のみで、一般男性や女性は排除されていた。時代が進むにつれて男性の参政権は拡大したが、女性の参政権は第二次世界大戦後まで待たねばならなかった。

欧米諸国の圧倒的な経済力と軍事力の強さを目のあたりにした明治新政府は、「殖産興業」と「富国強兵」を二本柱とした政策目標を掲げて、国力の強化を図った。生産体制の強化を政府直営で行うなど、官営企業の設立によって計画的に行い、そのために欧米の制度や学問・技術を積極的に導入したことは言うまでもない。鉄鋼、造船、繊維、銀行、鉄道、電信、通信など産業の振興を図った。これらを担う人材の養成も急務であり、江戸末期に幕府内に設立された蕃書調所《ばんしょしらべしょ》を一八七七（明治一〇）年に東京大学として開校し、指導者の養成を急いだ。官僚、技術者、医者、法曹人、教師、経営者を生むための大学の役割は大きかった。その後も京都大学、東京高等商業学校（後の東京商科大学、一橋大学）、慶応義塾大学などが続いて指導者層を輩出するようになった。

明治時代の指導者層の大半は、日本の大学などの教育機関で教育を受けた後、その中での優秀者が欧米の大学に留学して、新しい学問を学ぶことによって養成されたことに特色がある。留学費用を国家が負担するという国策によっていたし、そういう人は学問、技術、医療などの最先端を学んで、日本でそれらを活かす仕事に就いたのであった。どういう人がそれらの人であったかは橘木（二〇〇九、二〇一一a、二〇一二b）に詳しい。

西周（一八二九－九七）と津田真道（一八二九－一九〇三）

学問の中でも本書の関心である経済学が、明治時代の初期にどういう状況にあったかを述べておこう。江戸時代では第1章で述べたようにいくつかの経済思想はあったが、系統的な経済学は日本では誕生していなかった。最初に日本人が経済学に接したのは欧米への留学先でのことであった。具体的には蕃書調所で蘭学を教えていた西周《あまね》と津田真道《まみち》がオランダの名門・ライデン大学に一八六二（文久二）年に留学して、シモン・フィッセリング教授から経済学の講義を受けたのである。なぜ二人がオランダを留学先に選んだかといえば、当時はオランダ語が日本でもっとも重要な外国語であったし、蕃書調所でも彼たちはオランダを中心に学んだからである。

個人的な感傷を述べることが許されるなら、筆者はしばらくの間ライデン大学に滞在したことがあり、そこの教授と英文書を出版した経験がある。Griffiths and Tachibanaki (2000) 日本では植物学者のシーボルトがライデン大学の人として有名であるが、西や津田がライデン大学でどういう勉強をしていたのかを思い起こすこともあった。

西周は哲学が専門であり、「哲学」という日本語の造語を作り出した人として有名である。日本に帰国後は近代思想の普及に務めて、その分野では影響力があった。津田真道は法律が専門であるが、後になって自由貿易論者として論陣を張るようになる。これらの人は政治学や経済学などを含めた人文・社会科学の全般をも学んでいたのであり、明治時代の留学生は幅広い学問を吸収したい欲望の中にいた。これらの学問はまだ日本で定着しておらず、ヨーロッパで学んだ学識を生かす活躍を明治時代にするのである。

西や津田がオランダでどういう経済学を学んだのか、簡単に概観しておこう。これに関しては『西周全集』（一九六〇－七一年）に適切な解説がある。ライデン大学のフィッセリングはイギリスなどで優勢であった自由主義思想や古典派経済学の信奉者だったので、アダム・スミス、ジェレミー・ベンサムやジョン・スチュアート・ミルの経済学を学んだのである。すなわち、個人の自由を尊重して、自由な経済行為による利潤追求を是認する。国内においては政府の干渉をできるだけ小さくした市場原理主義を信奉するし、外国貿易においても保護貿易を排して自由貿易を主張する。本書は西洋経済学の概説書ではないので、スミス、ベンサム、ミルなどの経済学が具体的にどのような学説であったかに関しては詳しく言及しない。

時代もやや進んで明治時代も一〇年代になると、オランダ語以外の経済学書も翻訳されるようになり、スミスの『国富論』、ミルの『経済学原理』、トマス・ロバート・マルサスの『人口論』など主要な経済学書を日本人も読めるようになった。とはいえ日本人一般、あるいは専門家も含めて、どれほど多くの日本人が西洋の経済学書を理解できたかには、多少の疑問がある。

そう判断する理由は次の通りである。第一に、明治時代における学問に関する関心は、医学、理学、工学、文学、法学などが中心であり、経済学はかなりマイナーな科目にすぎなかった。その証拠として、日本における最初の大学である東京大学(明治一〇年設立)では、文、法、理、医などの四学部で設立されており、経済学は文学部ないし法学部内の一学問にすぎなかったのである。

第二に、当然のことながらヨーロッパの哲学や思想が信じられている中での経済分析であり、しかも市場を通じての経済取引の実態や現状を踏まえた上での分析がヨーロッパの経済学である。前者に関しては、ヨーロッパにおける自由とか公平といった倫理に基づいて経済活動を行う姿を、儒教精神の中にいた日本人がどれだけ理解できたのであろうか。さらに後者に関しては、幕末や明治初期の日本における主要産業は農業であり、商業が勃興しつつあった時期なのであり、工業の進展が著しいイギリス経済の現状を分析したイギリスの経済学書を、一〇〇％理解するのは困難なことに違いない。

第三に、第二の点の前半部分をもう少し拡張すると、イギリスの自由主義的な古典派経済学は政府の介入をできるだけ排して、個人や企業の自由な経済取引を奨励した。しかし日本の明治時代では個人の自由はまだ価値の高いものと認識されていないのに加えて、むしろ逆に経済発展のためには政府が積極的に介入して、先導役を果たす役割への期待が大きかった。現に政府指導の下に「殖産興業」「富国強兵」の両政策を打ち出して実行中だったので、政府の介入を排する古典派経済学はさほどなじめなかったのではないだろうか、というのが筆者の解釈である。これに関しては後に本書で、明治時代の後半や大正時代では、保護貿易主義や政府の役割を重視するドイツ歴史学派の経済学に、多くの日本人の経済学者が関心を寄せるようになることに言及する。

福沢諭吉（一八三五－一九〇一）

福沢諭吉は幕末、明治時代のみならず近代日本を代表する思想家の一人とみなしてよい。思想家のみに収まらず、啓蒙家、評論家、教育者、企業家、政治家、扇動家としての役割も果たした大人物であり、日本社会に与えた影響力には絶大なものがあった。大半は良い面での貢献であるが、少しは社会にとって害になる面もあった。いずれにせよ福沢は日本の思想界、教育界、経済界、政界などの分野において特筆されるべき人物の一人であるのに間違いはない。福沢の全貢献を紹介、評価することは大変なことであるし、本書の関心が経済学なのでここでは経済学と経済界における貢献に特化する。

福沢は豊前国（現・大分県）の中津藩の下級武士の息子として生まれた。実際には父が中津藩から大阪に派遣されていたときの出生であった。幼少の頃は武士の子どもと同様に儒学を学ぶが、二〇歳のときに大阪の私塾である適塾（蘭学者・医者の緒方洪庵《こうあん》の私塾）で蘭学を学んだ。適塾は後に大阪大学に発展する学校だったので、福沢は学校教育への関心をこの頃に獲得したものと想像できる。塾頭にまでなったほどの秀才だったので、後に江戸に赴いて学問を続ける。やがて一八五八（安政五）年の二三歳のときに江戸で私塾を開いて後進の指導を始めた。この塾が現代の慶應義塾大学の起源であることは皆の知るところである。慶応義塾大学が日本の教育界で果たした大きな役割を考慮すると、福沢の教育者としての偉大さがわかる。

元々は蘭学を学んでいたのでオランダ語には強かったが、外国人と会って話をすると通じないことに接して、英語の重要性を認識するところとなり、英語の勉強を始めたのである。この逸話は福沢の臨機応変に対応できる性格を物語っている。蘭語・英語に強い福沢は江戸幕府の派遣する外国使節団の一員に選ばれることになり、欧米に滞在中にいろいろな外国語の書物、それも医学、数学、科学、歴史学、哲学、経済学などの多岐にわたる分野に接して勉強に励むことになった。書物で得た知識と実際に見聞した事実を『唐人往来』『西洋事情』などに著し、著述家としてのキャリアをスタートさせた。後に『学問のすすめ』という大ベストセラーをはじめ、『文明論之概略』など数多くの著作を出版し、思想家、啓蒙家、評論家としての地位を確実にした。

『学問のすすめ』に関して一言だけ注釈しておこう。この書の冒頭に「天は人の上に人を造らず人の下に人を造らずと云《い》えり」という有名な言葉がある。人は平等であるべし、との主張に聞こえる。これは福沢が下級武士の子息であり、幼年時に上級武士の子息と比較して何かと不平等に扱われていたことへの不満を述べていたので、それを言葉にしたとも解釈できる。しかし当時は武士の子息は農工商の子息よりもはるかに恵まれていて有利な人生を送れたのであり、そのことを福沢はどう評価していたかを知りたいものである。

好意的に解釈すれば、『学問のすすめ』はたとえ出仕は恵まれていなくとも、学問に励むことによって学識を高め、かつ自己の技能を高める努力をすれば、職業生活は実り多くて恵まれたものになるという勉強の勧めである。この勧めは人生指針としては真っ当なものである。生まれながらのハンディを努力で補え、という勧めであるとも言える。

学問・技術の修得に励んで職業生活においていい成果を出した人と、励まなかったためにいい成果の出せなかった人との間で発生する所得格差は、当然のものと理解すべしと福沢は述べている。いわば努力の差による格差は多くの人の容認するところであろうが、格差問題に取り組んできた筆者からすると、二つの留保点のあることを補足しておこう。第一に、努力しようにも環境として努力できない人の処遇をどう考えるか、第二に、生まれながらの能力・知能の役割をどう評価するか、である。一〇〇年以上も前の福沢に解答を求めるのは当然のごとく酷であるが、これらの問題に関心のある読者は橘木（二〇一七a）を参照されたい。

最後に、では福沢は学問の理想の姿に関してはどういう意見を持っていたのだろうか。それは「実学」という言葉に凝縮される。学問のための学問ではなく、現実の生産現場や販売現場で役立つ学問を学べということである。いかに新しい製品を作るのか、いかに費用をかけずに生産するか、いかに効率的に製品の販売を行うか、働く人の処遇をどうするかといったことに役立つ学問は、経済発展に寄与するのであるから、こういうことを学ぶべしとの主張である。誤解を恐れずに言うのなら、純粋学問は生活向上に役立たずという考え方である。その一環として福沢は経済学を重視したのである。

福沢諭吉の経済学と経済政策

実学としての経済学を重視した福沢であったが、本人が経済学の研究に励んだ形跡はほとんどなく、経済学の教育に専念したと言った方がよい。種々購入した経済学書のうち、ブラウン大学の学長であったフランシス・ウェーランドの *The Elements of Political Economy* を教科書に用いて、経済学の講義を慶應義塾で行ったのである。この書物は自由主義経済論をうたった書物であるが、福沢は教科書としてウェーランド書を用いたとしても、福沢の経済思想は必ずしも自由主義経済論に賛成していなかったことが池田・小室（二〇一五）で主張されており、注目に値する指摘である。

この指摘を支持する根拠は、福沢が日本の貿易問題において自由貿易論の立場ではなく、むしろ保護貿易論の立場にいたという事実である。この明治時代における自由貿易か保護貿易かという論争は後に述べるとして、ここでは福沢が自由主義をどうみなしていたかを考えておこう。

筆者の判断は、イギリスの自由主義的な古典派経済学に影響を受けた福沢は、少なくとも自由な個人による自由な経済活動の意義を認めていたし、政府の介入を排除して自主独立的な経済行為を勧めていた。しかし問題が商品に関する外国との貿易や人の国家間移動に関してとなると、福沢は自由主義を好まず保護主義を主張したのである。明治時代における外国との不平等条約による取引の実態から、福沢は消費や人の国家間移動は日本にとってむしろ不利になっていると理解していた可能性がある。以上をまとめれば、国内での経済取引や活動は自由主義であるべきであるが、国際間の経済取引に関しては制約があってよい、すなわち保護主義であるべきという、国内と国際で区分したのではないだろうか。

池田・小室（二〇一五）はこの筆者の主張とは異なる立場にある。すなわち、福沢の基本的な経済思想は最初から最後まで自由主義ではなく、常に保護主義の思想にあったというものである。

本書の目的は福沢の全体像を分析することにないので、両意見を記述するだけにとどめておく。

自由貿易論対保護貿易論

明治時代の経済論争の一つに、自由貿易論対保護貿易論があった。現実の経済政策上の論点に加えて学問上の対立もからんでいるので、ここで考察してみよう。幕末に諸外国から開国を迫られて結んだ不平等条約が、明治時代に入っても残っており、この不平等条約の是正が政府の急務な課題であった。例えば日本の輸入品には一律五％の関税しか課されておらず、日本の関税率を諸外国並みに上げるという政策課題があった。

これは考えようによっては外国からの輸入品の量を減らして国内産業を保護するという目的につながるので、保護貿易主義の主張ということになる。国際貿易論という純学問における自由貿易論対保護貿易論の論争のうち、保護貿易論の支持という立場につながる。ここで理解せねばならないことは、不平等条約是正という目標は、往々にして保護貿易主義と一体となっているとの解釈がありうる。換言すれば、原理上は自由主義論の支持であるが、不平等条約の是正策という国益尊重主義を優先する立場もありうる。筆者は既に、福沢諭吉は国内政策では自由主義、国際政策では保護主義の主張という立場だったと述べたが、それがここでの解釈の妥当性を示している。

自由貿易か保護貿易かの経済論争は、多くの経済学者や経済評論家が参入した華々しさがあったので、ここでその論争を振り返っておこう。その前に一つだけ記憶しておきたいことがある。それは経済学上の話題である。イギリスを中心にした自由主義的な古典派経済学が自由貿易派であったことは何度も述べたが、ドイツにおいてはフリードリッヒ・リストで代表される歴史学派経済学が保護貿易論を提唱していたし、日本でも彼の著作が明治二二年に翻訳出版されていたので、いくらかの人はこの保護貿易論を知っていたのである。ドイツ歴史学派については後に詳しく解説・議論するとして、明治時代初期、あるいは中期まで含めて、日本では古典派経済学の方が歴史学派よりも有力な学説であったと認識しておいてよい。

経済学からの自由貿易論者としての筆頭は田口卯吉（一八五五－一九〇五）である。田口の人生と経済評論については本庄（一九七一）から知りえた。田口は大学に所属した経済学者ではなく、大蔵省でしばらく勤めた後、民間で個人的に経済評論を行った人である。学校教育としては幕府内の昌平坂学問所（後の東京大学）で学んだ後、少し医学や英語を学ぶという不思議な経験をしてから、大蔵省に入省した経歴であった。大蔵省では翻訳の仕事に従事したが、そのときに外国語の経済文献に多く接したことが幸いしたと考えられる。その証拠として、イギリスの高級経済誌 *Economist* を手本として『東京経済雑誌』を創刊し、編集と経営にあたった。代表作は『自由交易日本経済論』である。他にも市会議員、衆議院議員などの政治家、さらに民間企業への経営に参画したことがあり、マルチタレントの人生であった。

田口が自由貿易論を主張した根拠は、彼の独特な人生観にある。人間は様々な才能に恵まれているので、その人にふさわしい職業に就いて経済生活に入るのが好ましいと考えた。アダム・スミスの分業論やディビッド・リカードの「比較生産費論」と同じ発想である。リカードはポルトガルのブドウ酒生産、イギリスのリネン生産の特化と分業の下に、二国間で貿易をするのが最適であるとして、自由貿易論を提唱したのはあまりにも有名であるが、田口がリカードを知っていたかどうかまでは確認できない。スミスの『国富論』などを訳しているし、外国書に詳しい田口だったので何らかの知識はあったとみなしてよい。

二番目の自由貿易論者は既に取り上げた津田真道である。ライデン大学への留学経験からイギリス流の古典派経済学を学んだだけに、自由貿易の支持は自然な姿である。津田の経済思想の特徴は、細かい意味での経済論理ではなく、外国製品の輸入や外国文化の導入は日本の経済や文化の水準を高めるという信念からであった。早い時期にヨーロッパでの滞在経験から日本がまだ遅れた国であるとの認識を強く抱き、日本を近代国家にするためにもヨーロッパから学ぶ点は多いと考えたのである。津田は経済学からすると田口よりも自由貿易論者として弱かったが、自由貿易は製品や技術などの知識を日本が学ぶ機会を与えるので、経済発展に寄与すると考えたのであり、まずは文化や技術の導入機会を重視したのである。

最後の自由貿易論者は神田孝平《たかひら》（一八三〇－一九八）である。神田については本庄（一九七一）から知りえた。幕末に美濃国（現・岐阜県）で生まれてから勘定奉行を経て、漢学・蘭学を勉強する。

福沢諭吉と深く交流したことが大いに役立った。明治維新後は役人となり、役人として出世を果たしたのである。学問への造詣が深く、政治、経済、数学などの著作がある。経済学においては、イギリス人のウィリアス・エリスの経済学教科書を『経済小学』と題して一八六七(明治元)年に翻訳本を出版していた。日本における最初の経済書なので価値は高い。

神田は経済発展のためには農業中心の国から工業、商業中心の国になるべしと主張しており、当時としては画期的な経済思想であった。貿易に関しては、基本的には自由貿易論者であったが、強硬な自由貿易論者ではなく、産業によっては保護貿易は容認されるとした。制限付きの自由貿易論者だったのである。

田口卯吉、津田真道、神田孝平に代表させて自由貿易論を紹介したが、では保護貿易論を誰で代表させようか。それは意外と思うかもしれないが、政治家である犬養毅(一八五五－一九三二)である。有名な「五・一五事件」によって暗殺された人だし、首相にまでなった政治家が経済学とどう結びつくのかが興味深いであろう。犬養については川口ほか(二〇一五)から知りえた。

備中国(現・岡山県)の大庄屋という名家で生まれた犬養は英語学校で学んでから、慶應義塾で学んだが卒業はしていない。しかし福沢諭吉から経済学を学んだことを生かして、経済ジャーナリストとなる。犬養はアメリカの経済学者であるヘンリー・チャールズ・ケアリーの著書 *The Principles of Social Science* を翻訳して、『圭氏《けいし》経済学』(一八八四(明治一七)年)を出版していた。このケアリーの経済書は保護主義を唱えたものとして有名であり、犬養が影響を受けたことは確実である。

犬養の経済思想は現代で言う「幼稚産業保護論」に近く、日本のような後進国が自由貿易を認めると、先進国から大量の製品が輸入されることとなり、国内産業が破滅的な影響を受けて、企業・産業や雇用が打撃を受けることになる。そうすると輸入国の経済発展は阻害されるのでそれを避けるため、産業発展の初期にある産業の輸入を制限する保護主義を認めるのである。

犬養は当時の日本は生産・貿易・資本・技術といった面でまだ未発展国なので、外国製品の輸入はそれをますます助長することになるため、保護貿易論を主張したのである。関税率のアップによって輸入を制限し、その間に国内産業の育成を図るという政策を犬養は考えたのである。輸入制限策と国内産業育成のためには政府の役割は重要であると犬養は主張したし、そのような政策を政治家になっても採用しようとした。犬養は志半ばにして軍部の襲撃（五・一五事件）に遭い、暗殺されたのである。

犬養が首相にまでなった大物なので、保護貿易論者として最初に取り上げたが、実は犬養以前に保護貿易論を展開した人がいた。それは若山儀一《のりかず》（一八四〇－一八九一）である。彼については本庄（一九七一）で知りえた。江戸の医者の生まれで緒方洪庵に弟子入りして医者を目指したが、逆に緒方は若山の才能を認めて役人の世界に入ることを勧めた。幕末の頃、兵庫と大阪の奉公職の時に外国貿易の実務に就いた。その後大蔵省勤務を経てから、有名な岩倉具視視察団の一員としてアメリカに渡り、滞米中に税務、貿易、経済の勉強に励んだ。

若山は明治維新直後に『官版経済原論』を出版したが、これはアーサー・ペリー *Element of Political Economy* の翻訳書である。自由貿易論のところで既に述べた神田孝平の『経済小学』に次ぐ和書の経済書である。若山の保護貿易論は犬養の説の先駆けとなるもので、日本はまだ欧米よりはるかに遅れた国なので、幼稚な産業を育成するためには製品輸入を制限すべし、というものであった。主張にあたっては犬養のところで紹介したケアリーの著作が引用されており、保護貿易主義ではバイブルのような地位にいた著作であることが改めてわかる。

ケアリーがアメリカの経済学者であることに留意したい。産業革命を最初に起こしたのはイギリスであり、そこでは自由主義経済思想が主流になったのは自然なことであった。そのときのドイツやフランスはまだ後進国だったし、アメリカはイギリスの植民地から独立をようやく達成した後進国にすぎなかった。ドイツでは自国の経済を発展させるために歴史学派の経済学が発生したし、アメリカにおいてはケアリーのように保護貿易を主張する経済学者が出たことは当然の帰結かもしれない。

明治初期の経済学研究と教育

明治時代の初期における経済学の研究と教育がどうであったのか、簡単に概観しておこう。

江戸時代には経済学らしきものは存在していなかったが、経済の見方や経済思想に関してはいくつか注目すべき主張があったし、欧米とは独立に主張されていて、現代においても輝きを失っていない経済思想は存在した。

明治時代に入ってから最初にヨーロッパで発展した経済学が日本に輸入されることとなり、翻訳書が出版されて日本人の経済学の知識は高まった。しかし翻訳で代表されるように経済学を輸入するだけで、日本での経済学の独自の理論や研究という発展はほとんど見られなかった。経済学の教育も外国書ないし翻訳書を教科書として用いて教えるのが普通であったし、教員にも外国人のおかかえ教師の多かった時代であった。これら外国人教師の厚遇は有名で、大変高い報酬を受けていた。日本に経済学が存在していなかったので、ここに書いた教育方式は避けられないことであったと解釈しておこう。これらのことを念頭におきながら明治時代初期の経済学研究と教育を論じてみよう。

明治政府の教育目標、特に高等教育に関しては、法律、文学、理学、医学が中心であり、経済学はかなりマイナーな科目であった。これら四科目は一八七七（明治一〇）年に東京大学が最初の大学として設立されたときの四学部であったが、日本の発展には官僚、技術者、教師、医者の養成が急務と考えられたのである。一八八六（明治一九）年に東京大学が帝国大学となり、工学が新しく加えられ五科目となったが、工学が経済発展にとって重要なことはいうまでもない。

ここで旧制の東京大学での経済学を玉野井（一九七一）に即して見てみよう。東京大学には経済学部はなく、文学部に史学・哲学・政治学と和漢学の二学科があったが、経済学は政治学の中の小さな科目としか教えられていなかったので、いかに経済学がマイナーであったかがわかる。教師も外国人に頼り、アメリカ人のあのフランシス・フェノロサが第一号の教師である。芸術に素人の筆者でも知る日本美術の専門家が経済学を教えたというから驚きである。教科書は英語であったし、当然英語で教えられた。日本人の学生が英語をどれだけ聞き取れたかは疑問である。教科目としては財政学、貨幣論、銀行論、貿易論、一般経済学、などであった。一人の先生がこれだけの科目を教えるのであるから、水準はかなり低かったと想像できる。経済学の歴史のなかった日本であれば、最高学府の東大においてもやむをえないことであった。

その後、日本人の教員が一人ないし二人採用された。それらの人の名は田尻稲次郎、和田垣謙三などであった。講義は日本語による科目もあったろうが、相変わらず外国人教師の採用は続いた。さすがにフェロノサは東京美術学校（現・東京芸術大学）の設立にかかわるようになって東大を離れたが、後任は相変わらず外国人であった。一八八二（明治一五）年にドイツ人のカール・ラートゲン、一八八六（明治一九）年にはドイツ人のエッダー・エッゲルトなどが着任した。ついでながら日本人が東大で教えるようになった和田垣謙三も、東大卒業後はドイツに留学経験があるので、ドイツ歴史学派の経済学を学んでから東大に赴任したのである。

ここで外国人教師がドイツ人に替わったことに注目してほしい。なぜドイツ人が招聘されたのかは、明治政府の政治姿勢で説明できる。伊藤博文は首相になる前にドイツを訪問して、ドイツ憲法を日本の憲法のモデルにしようとしていたし、日本の大学制度もドイツの大学制度をモデルにしようという雰囲気が強かった。当時のドイツの経済学は歴史学派が強く、経済学者にも歴史学派に染まった人が多く、日本の経済学が歴史学派の影響を大きく受ける素地がドイツ人の経済学者の赴任で形成されるのである。幕末や明治時代のごく初期においては、イギリスを中心とした自由主義による古典派経済学の影響力が強かったが、徐々にドイツ歴史学派の勢力が強まっていくのである。

最初の高等教育機関である東京大学の経済学を取り上げたが、他の教育機関でも経済学は教えられていた。例えば既に登場した福沢諭吉の慶應義塾では、ウェーランドによる英語の経済学教科書 *The Elements of Political Economy* を用いて経済学が教えられていた。一八六八（慶応四）年の「上野の戦争」の大砲の声を聴きながら、福沢が経済学の講義をしていたのは有名な語り草である。

慶應義塾においても外国人教師が招かれていて、ギャレット・ドロッパーズやエノック・ハワード・ヴィッカーズなどがハーバード大学より着任していた。慶應義塾は中等教育の段階の学校であったが、明治時代の後期から大学部の創設を目指したので、経済学の水準を上げようとした形跡がある。官立学校のみならず、私立校でも外人教師を雇用したのには印象深いものがある。

池田・小室（二〇一五）ではドロッパーズが慶應でどのような科目を教えていたかの記述があるが、それによると経済学原理（今でいう経済原論）、経済史、財政論、貿易論、銀行論などである。一人の経済学者（特に外国人教師）がこれだけ広範囲な科目を教えていたとは驚きであるが、これは東大でも同様だったので、経済学の歴史の浅い日本であればやむをえないことであった。現代のように経済学が発展して、専門の細分化が進んだ時代であれば、一人の先生がこれだけ各種の科目を担当するのは不可能であるが、別の解釈をすれば当時の経済学の水準が高くなかったので、一人で多くの科目を担当できたのであった。

もっと強調すべきは、池田・小室（二〇一五）ではドロッパーズによる経済学の教育内容が紹介されているが、ドイツ歴史学派の色濃い講義であったとされる。例えば財政学ではドイツ歴史学派の重鎮、アドルフ・ワグナーの財政論を中心に論じられたし、イギリスのような自由主義、個人主義に期待するよりも、自由放任主義に頼らない国家の役割を重視する立場の支持であった。ドイツ歴史学派を好んだドロッパーズならではの当然の講義内容である。しかもドロッパーズは若い時代にドイツ留学の経験があり、現地でドイツ歴史学派を学んだのであった。

興味ある点はドロッパーズがアメリカ人であることだ。現代のアメリカの経済学者の大半はいわゆるアングロ・アメリカ諸国における自由主義と個人主義への信仰が強いのであるが、一五〇年ほど前のアメリカではドイツ歴史学派がかなりの支持を集めていたのである。当時のアメリカはまだ先進国イギリスよりも経済的に遅れていたので、後進国の論理に配慮したドイツ歴史学派への支持があったのは自然である。日本でドイツ歴史学派がどう浸透したかについては後に詳しく論じる。

最後は、もう一つの重要な学校である東京商業学校（後の東京高商、東京商大、現・一橋大学）でである。一八八四（明治一七）年に既に存在していた商法講習所（明治八年設立）が国立に移管したのである。商法講習所は後に文部大臣になった森有礼《ありのり》、そして事業家の渋沢栄一などによって、商人、金融人、貿易人などの養成を目的にして設立されていた。江戸時代からの伝統で士農工商という商業に従事する人が低い位置にいた現状の中、商人の地位を高め、かつ商業、金融、貿易などの産業を振興するための学校であった。なおこの学校の設立から現代までは橘木（二〇一二b）に詳しいので解説はそれに譲る。

学校の主目的が商業の教育なので、商業、簿記・会計、貨幣、銀行、保険などの商業に関する教科目が教えられた。経済学は明治時代ではまだこの学校での主要科目ではなく、この時代における東京高商の経済学については語らないことにする。

ここで明治時代初期の経済学を要約しておこう。経済学の教育は細々となされていたにすぎず、しかも教育はかなりの程度外国人による講義であり、教科書も外国語書か翻訳書がほとんどであった。しかも外国経済学の輸入学問がこの時期の特色であった。経済学の研究はほとんどなされず、外国での経済学の翻訳と紹介に終始していたと言っても過言ではなかった。

研究のなされなかったもう一つの理由は、東京大学の設立に踏み切った日本政府、文部省は高等教育機関の役割は教育にあるとし、指導者になるべき人の養成が第一に重要な目標と考えていた。これは別に経済学のみならず、もっと重要な科目である法学、文学、理学、工学、医学の分野においても同様であった。日本の大学制度がモデルとしたドイツの大学ではフンボルト精神の下に、研究と教育を大学での重要な目標としていた。フンボルトという人はドイツの言語学者、政治家であったが、フンボルト大学（ベルリン大学）の創設者で、ドイツの大学における研究・教育の基礎を創った人である。少なくとも日本では研究よりも教育の重視であった。学問の伝統のない日本であり、しかもドイツよりも一段と社会と経済が遅れているのであれば、研究よりはまずは国の発展に寄与する人材の育成が急務というのは理解できる。

第3章 明治後期と大正初期

ドイツ歴史学派

前章において自由主義経済思想に立脚した古典派経済学がまず日本に輸入されて、有力な思想となっていたが、明治時代に入ってドイツ歴史学派の経済思想が徐々に勢力を伸ばしつつあったことを述べた。この傾向は明治の後期（すなわち明治二〇年以降）になってますます顕著となった。ここでドイツ歴史学派を理解しておこう。現代の経済学においては新古典派、ケインズ派、マルクス経済学が主流なので、多くの人がこれらの学説を熟知しているが、ドイツ歴史学派は過去の経済学になりつつあるので、逆に読者に知ってもらいたいために、やや詳しく解説しておこう。

ドイツ歴史学派はイギリス資本主義の発展に応じて、アダム・スミス、ディビッド・リカード、ジョン・スチュアート・ミルなどに代表される古典派経済学が中心であったところに、イギリスと比較すると後進国であったドイツ経済においては、イギリスのように自由主義で経済政策を行うことができないという発想があった。例えばイギリスでは、自由貿易を活用することによってイギリス経済が恩恵を蒙るという理解があった。一方のドイツでは、イギリス経済と比較するとまだ工業化を達成しておらず、リカードのいう比較生産費で有利な立場にないので、むしろ関税を課して輸入を抑制して、国内産業、特に工業を育成した方がよい、という後進国の立場であった。いわゆる保護貿易の主張である。

もう一つ歴史学派の見方として有力なのは、世界経済の長い歴史を振り返ることから始まる。最初の時代は野生の植物と動物を捕獲しての自給から始まり、次は農産物を自ら生産する農業の発達がみられた。さらに農産物の育成に役立つ道具を生産する工業、住む家や食器・家具をつくる工業などが発展したし、それらの農工業産品を売買する商業の発展もあった。さらに貨幣経済や金融経済の発展がみられたし、工業の分野では一八世紀から一九世紀にかけてのイギリスの産業革命で代表されるように、蒸気機関といった動力の利用や機械の利用によって大量生産が可能となり、資本主義経済が定着したのである。こうした歴史的な経済発展のプロセスを理解することが肝心で、それぞれの国は自国がこの歴史のプロセスの中でどの段階にいるかを正確に把握して、その段階にふさわしい経済政策を採用すべきと考えた。これが「歴史学派」と呼ばれる理由の一つである。

一九世紀前半のドイツ経済を見れば、既に産業革命を経験して強力な資本主義国になっているイギリス経済より遅れているのであり、既に述べたようにドイツは保護貿易主義を採用すべきだし、遅れているドイツの工業を育成するには政府が積極的な役割を演じるべき、と歴史学派は主張したのである。国家が経済発展の中心にいるべきなのである。この歴史学派の代表者がフリードリッヒ・リストであり、『経済学の国民的体系』が一八二八年に出版されていた。

ドイツではこの歴史学派の主張に沿って、保護貿易主義と国家主導による工業化が成功し、プロシャを中心にして二二に分裂していた国が統一され、ドイツ帝国が一八七一年に形成されたのである。その中心にいたのが鉄血宰相であったオットー・ビスマルクであることはあまりにも有名である。その後ドイツ帝国は強国として成長していったのである。同じく後進国であった日本がドイツをモデルにして、経済発展を図ろうとしたのは自然な姿であった。

リストを筆頭にして、ヴィルヘルム・ロッシャー、カール・クニースなどの学派は旧歴史学派と呼ばれた。その後歴史学派は三つの分派に分裂していくが、それら三つの学派を総称して新歴史学派と呼ばれる。この三つの学派は現代の経済学にも通じる思想の違いを表しているので、やや詳しく見てみよう。ここまでマルクス学派のことはほとんどふれなかったが、それは後に言及することとして、一九世紀の半ばに出版されたカール・マルクスの『資本論』に始まるマルクス経済学は一九世紀の後半にはかなり影響力を持つようになっていたので、新歴史学派もこのマルクス学派にどう対処すべきかで意見は分かれたのである。

新歴史学派はこのマルクスとの関係から、右派、中間派、左派の三つに区分できる。右派はアドルフ・ワグナーに代表されるように、保守主義とみなしてよい。イギリス流の自由主義には反対するので、リストの学説をそのまま踏襲していると理解してよい。従って保護貿易主義であるし、国民経済の発展のために政府の役割に期待する。しかし、勢いを得ていたマルクス経済学には強い反対の姿勢にあったので保守派とみなせるのである。

中間派はグスタフ・フォン・シュモラーに代表される。経済政策の立案にはある程度の価値判断は必要であると主張したが、その価値意識は左右に片寄ったものではなく、むしろ穏健な思想だったので中間派と呼ばれるのである。どのようなイデオロギーを持つべきかということを離れて、学問に価値判断が必要でないかは別の問題として提起された時代になっていた。シュモラーなどの中間派はある程度の価値判断を容認する立場であったが、この立場は価値自由、すなわち学者・学問は政策の立案に際して価値判断をすべきではなく、価値判断は政治家そして背後にいる国民に委ねられるべきとするマックス・ウェーバーによって批判された。

左派はルヨ・ブレンターノによって代表されるもので、マルクス主義に近い思想の立場であったが、マルクス主義とは一線を画していた。具体的には、資本主義の発展は低賃金と悪労働条件の下で働く労働者を多く生むが、これら労働者の権利を守ろうとする思想であった。ブレンターノはイギリスの労働組合を研究してからの帰結であった。さらに、都市における手工業者、小売業の人々の所得は低いので、労働者階級を含めて低所得階級の人々の所得を上げるために、政府による所得再分配政策を容認する。現代経済学における格差問題に関係づければ、資本主義は必然的に強者と弱者を生むが、ブレンターノの説は弱者保護政策の優先である。ただしマルクス主義のように革命によって資本家を倒せといった過激な主張ではなかったことに留意しておきたい。

社会政策学会

ドイツ歴史学派は旧歴史学派の代表者であったリストの後に、新しい方向に進み始めたが、その一つが学会の誕生である。労働者や中小商工業者の恵まれない経済状況を救済するための方策を、新歴史学派の経済学者は模索していたが、学会を設立してそれを成就するための政策を打ち出すようになった。すなわち貧困などの社会問題を解明するため経済分析を行うことと、その解決策を討論して政策を提案する機会を与える場としての学会である。それが一八七二年に設立され、七三年から活動を始めた社会政策学会である。その中心にいたのが中間派のシュモラーであった。

この社会政策学会では内部において、学会は学問討論の場であるべきだと考える一派と、政策主張をもっと前面に出して政治活動にも出るべきだと主張する一派の存在があり、なかなか一枚岩ではなかった。とはいえ政治活動に関心を示す一派においても、マルクス主義とは一線を画していた。現存する社会制度や経済制度を保持しながら、体制内で改革を行う主義であった。例えば労働組合の勢力を強くして労働側の発言権を高め、労使関係において労働側が有利な条件を引き出す政策を実行すべきと主張していた。

もう一つ大切な主張は、労働者の生活を保障するために労働災害や医療といった社会保険制度の充実であった。失業や年金といった制度はもう少し時代の経過を待たねばならないが、当面の目標は労災や医療が中心であった。当時のドイツの工場では労働災害の発生がかなり多く、怪我といった事象にどう対応するかは大切なことだったし、病気によって治療を必要とする人や、働くことができなくなった人への対策であった。

これら労使関係の良好策、そして社会保険制度の導入策は、ラディカルな政策ではなく穏健な政策なので、マルクス主義者やユートピア思想による社会改革論者からは、講壇社会主義として批判を受けた。すなわち学者が大学の講壇から主張する机上の空論にすぎず、実施するにはもっと過激な政策に頼らねばならないとして、講壇社会主義者との批判が、社会政策学会の主要メンバーであるシュモラーやブレンターノ、ワグナーに向けられたのである。

社会政策学会の存在意識としてもう一つ重要な事項をここで述べておこう。それはプロシャの鉄血宰相がドイツ歴史学派の思想を現実の政治の世界に導入しようとした点である。ヴィルヘルム一世やビスマルクが中心となってドイツ帝国が形成されたのは一八七一年であり、社会政策学会の設立が七二年なので、社会政策学会自身がビスマルクに影響を与えたとは言えない。しかしそれ以前にドイツ歴史学派の経済思想をビスマルクが知っていたのは事実と考えてよい。さらにドイツ帝国になってからも、社会保険制度の導入の必要性の考えを生かすため、現にビスマルクは『三部作』として、一八八三年に医療保険、八四年に労災保険、八九年に年金保険を作成し、社会保険制度の導入を計画、そして実践したのである。このあたりの事情は橋木（二〇一八）に詳しい。

ビスマルクの社会保険制度は「アメとムチ」という言葉で象徴される。労働者に種々の福祉制度を提供することによって、労働者に生活保障を与えて安心感を認識させるが、その見返りとして、労働者に一生懸命働いてもらうことに期待するのである。イギリスより遅れた後進資本主義国のドイツにおいては、企業の生産性を高めるといった強い経済力の確保が必要なのであるが、その条件の一つとして労働者に大いに働いてもらわねばならないのである。そのための政策として、労働者にアメを与える見返りとして、ムチを用いて労働者を勤労に追い立てて、一生懸命働くように仕向けるのである。

ドイツの経済を強くするためにビスマルクはドイツ歴史学派の思想、すなわち社会政策を援用したのであり、学問と経済政策が結びついた一つの好例として記憶しておきたい。ビスマルクはマルクス主義に対しては、有名な一八七八年の「社会主義者取締法」で象徴されるように、強硬な敵対的行動を取った政治家として有名であり、ここでもドイツ社会政策学派とマルクス主義とは別物であると認識しておきたい。

ついでながら学問と政治が結びついた二つの例を挙げておこう。第一に、マルクス主義の達成には政治革命が必要であると主張したウラジーミル・レーニンが、ロシアで革命に成功した例である。第二に、イギリスのジョン・メイナード・ケインズが主張した経済政策を現実に応用した第二次世界大戦前のアメリカが大不況の克服に成功した例である。

最後に、日本においてもドイツ留学経験者を中心にして、一八九六(明治二九)年にドイツの社会政策学会に倣って、社会政策学会が設立された。その中心となったのは、ドイツ歴史学派から圧倒的な影響を受けた東京大学を中心にした経済学者、例えば金井延《のぶる》、小野塚喜平次、矢作《やはぎ》栄蔵、高野岩三郎などである。この学会の設立当初は目立った活躍をしておらず、むしろ明治末期と大正時代にもっとも重要な役割を演じたので、次の項でこの学会のことを本格的に論じる。

マルクス経済思想の導入

明治時代後期において日本ではもう一つの経済思想が導入され、影響力を持ち始めていた。それはマルクス経済学、そしてそれに基づく社会主義、共産主義の思想である。

マルクス経済学はその後日本ではかなり開花するし、第二次世界大戦前と、特に戦後では経済学者の中ではもっとも数の多いのがマルクス経済学の専攻者という現象を呈するほどであった。このマルクス経済学の人気の高さによってマルクス経済学に関する出版は多く、その影響には大きいものがあったが、ここではその経済学に関する解説を抑制する。筆者がマルクス経済学の専攻ではないので、誤解を与えることを避けるためにもあえて細かい解説を避ける。

ごく簡単にマルクス経済学を述べれば、古典派経済学で主張されていた労働価値説を発展させて、資本主義においては究極的には労働者は資本家によって搾取されるようになるとする。そのまま資本主義を続けると独占資本主義の世界になり、それが帝国主義と向かうので、それを阻止するには労働者が団結して資本主義を打破する必要があると主張した。その経済学の根幹はマルクスによる『資本論』で解明され、その政治思想はマルクスとエンゲルスによる『共産党宣言』で主張された。

資本主義が勃興しつつあった日本では、労働者、農民、小規模商工業者などの低賃金と低所得による貧しい経済生活、悲惨な労働の現状などが報告されるようになり、その現実に同情する人々が日本で出現したことは自然な姿であった。この現状を打破しようと、マルクス主義の倫理感や労働運動、あるいはマルクス経済学を支持する人が出てきたのも自然な流れであった。こうして日本においてもマルクス経済学者、あるいは社会主義者が誕生するようになったのである。

このような時代背景のなかで出現した三人の特筆すべき人物を簡単に紹介しておこう。それらは年代の若い順に片山潜《せん》（一八五九－一九三三）、安部磯雄（一八六五－一九四九）、幸徳秋水（一八七一－一九一一）である。安部は大学（早稲田大学）に属した経済学者であったが、片山と幸徳は狭い意味での学者ではなく、むしろ市民運動家として社会主義運動に従事したのである。

明治時代の初期に自由民権運動のあったことはよく知られており、これは日本に議会制民主主義を定着させようとした運動であったが、それらの運動家の中にはマルクス主義に染まって社会主義者となった人がいた。その代表者は幸徳秋水である。彼は当局の謀略による有名な大逆事件の犠牲となり、一九一一(明治四四)年に処刑されたのである。社会主義の勃興を嫌う国家が、社会主義への弾圧を始めるようになったのがこの時代なのである。

筆者が興味を覚えるのは、片山と安部の人生である。この二人にはキリスト教信者であるということと、アメリカ留学の経験があるという意味で共通性がある。まずキリスト教に関しては、当時の日本では新しい宗教と哲学なので、知識階級が興味を示していた。人類愛や平等意識に満ちた思考に共鳴して信者になる人の出現に不思議はない。

アメリカ留学に関しては、片山は若いときに一二年間も苦学をしながら勉強したのであり、グリネル大学やエール大学で学んだ。その時に応用経済学を勉強したし、特に社会主義の勉強をした。安部は新島襄が創設した同志社で学んでキリスト教信者になり、留学先のアーモスト大学で経済学を含めた社会科学を勉強した。

この二人ともがアメリカで学んでから社会主義者になったのには、一見不思議な感がある。現代であれば資本主義の盟主であるアメリカの大学では、マルクス経済学を教えていないので、マルクス経済学を学びにアメリカに行く者はいない。当時のアメリカはまだイギリスよりから遅れた国だったので、経済学は必ずしもイギリス流の古典派経済学ばかりではなく、アメリカ人でドイツに留学経験を持つ経済学者は、ドイツ歴史学派や勃興しつつあったマルクス経済学も教えていたのである。

このようなマルクス経済学なり社会主義に関して、日本はどのような研究や教育がなされていたのであろうか。一九〇二(明治三五)年には西川光二郎による『カール・マルクス』という書物が出版されていたし、翌年には幸徳による『社会主義真髄』とか、片山による『我社会主義』という書物が出版されて、資本主義における矛盾が論じられていた。資本主義とは資本家が労働者を搾取して低賃金や貧困を生み、労働は劣悪な経済環境でなされる経済制度であることを明らかにした上で、制度としては社会主義の方が望ましいとの主張を含んでいた。同じ頃に、堺利彦と幸徳によってマルクスとエンゲルスによる『共産党宣言』が、山川均によってマルクスの『資本論』の第一巻が紹介されたのである。

このように見てくると、学問という見地に立つとマルクス経済学や社会主義に関しては欧米の経済書や政治書を翻訳や紹介という形で出版するのがほとんどだったので、ここでも他の学派と同様に経済学が輸入学問であったと指摘できるのである。とはいえ経済思想をうまく租借して、日本を社会主義の国にすべきとの積極的な主張を含んでいたので、政策論としては明確なスタンスを明らかにしていた。だからこそ幸徳などのように当局から睨まれて、糾弾される人が出てくるのであった。

日本社会政策学会

この学会は一八九六(明治二九)年に設立され、一九二四(大正一三)年に幕を閉じるが、もっとも華々しい活動をしたのは明治後半から大正前半なので、この時期の学会を詳しく検討してみよう。東大の教授が多く参集し、その中でも有力な学者は金井延（一八六五－一九三三）だったので、彼の経歴と学説を述べてみよう。

東大で経済学と統計学をドイツ人教師のカール・ラートゲンと日本人教師の和田垣謙三から学んだ。和田垣は既に述べたようにドイツ留学の経験者だったので、金井が二人の影響を受けてドイツに留学したのは至極当然のことであった。ハイデルベルグ大学やハル大学に三年間滞在した。ベルリン大学で新歴史学派の重鎮・シュモラーの講義にも出たというし、東大での先生やドイツでの体験から、金井が歴史学派の影響を強く受けたのは確実であった。さらにドイツで勢力を誇示していた社会政策学会の活動に大いに共鳴したのである。イギリスの自由主義による古典派経済学よりも、ドイツの社会政策への支持であったし、日本社会政策学会において金井は有力なメンバーとなったのである。

こうした経験が金井をして恵まれない労働者や貧困者への支援が大切なことと、今回でいう社会政策の必要性を主張せしめた。ではこの政策を誰がやるかという段階になると、企業が経営方針としてしっかり自主的にやる案と、国家が法律をつくって企業にある意味強制してやらせる案の二つがある。

例えば明治後期になると、工場での労働環境が劣悪になっていたし、労働時間も長いという労働者にとっては過酷な労働が強いられる時代になっていた。工場での働きやすさを改善するには企業の自主的な取り組みに期待するのか、それとも政府が「工場法」などを制定して、企業にそれを強制的にやらせるかの二つの方法なのであった。

後者は政府、すなわち国家による政策に期待する案であり、金井はイギリスやドイツに倣って「工場法」の制定を主張したのである。この案に対しては、例えば既に紹介した自由主義者の田口卯吉などからの批判があって、企業の経営にとってマイナス効果になるとの判断から反対した。金井が「工場法」に賛成して国家による法律に期待するまではよかったが、同じくそれを主張していた労働者、あるいは労働組合がますます強くなることを恐れた。さらに「工場法」などの制定を行う国家の役割に関して、労働者が強くなりすぎることを金井は恐れて、それを阻止するために、いろいろな政策を打つべきとも考えるようになった。しかも国家はますます強くなって日本のアジアでの地位を高めるように強大な国になってほしいという、国家主義的あるいは帝国主義的な思想を持つようにもなっていた。

最初の頃は弱い立場にいる人を救いたいという素朴な気持ちから、社会政策に共鳴して学究活動と政策提言活動を行っていた金井であるが、国家に多くの役割を期待する結果、年齢を重ねるとそれが高じて国家主義的、あるいは帝国主義的な方向に進んで、見方によっては保守的ないし右翼的な国家観を持つようになってしまったのである。この金井の進化ないし変身が社会政策学会内で対立を生むようになったのは必然の成り行きであった。すなわち学会内におけるマルクス主義を支持する左翼的な人との対立である。

日本社会政策学会の特色をここで述べておこう。現代においては学会といえば純粋な学問研究と討論の場というのが一般的な理解であるが、当時の社会政策学会はかなり政治的な色彩の濃い学会でもあった。すなわち自分たちが理想とする理論や政策を実現するにはどのような政治活動なり実践活動をするべきか、ということまで関心を持っていた。従って、望ましい政策を個人の名、あるいは学会の名で主張するのであった。

こういう学会であれば、当然のこととして学会内にいろいろな政治思想なり政策志向を持つ人がいるようになり、それらの学会員の間で対立や抗争が起こることは避けられないことであった。国家主義化あるいは右翼化した金井のグループと左翼の人々の間で対立が発生したのは当然のことであった。

主義思想に関しては、ドイツの新歴史学派が右派、中間派、左派と分裂していたことを述べたが、日本の社会政策学会においても、右派、中間派、左派に分裂していたと言ってよい。しかし左派とはいえ、マルクス主義とは一線を画していたことを再び強調しておこう。

もう一つ重要な事実は、社会政策学会と名乗っているが、当時の経済学界に関して言えば、他に見るべき経済学関係の学会が存在しておらず、ほとんどすべての経済学者が社会政策学会に加入していたのである。従って学会員が一番多い有力な学会でもあった。狭い意味での労働、福祉、社会保障の問題に限らず、いろいろな科目に関心を持つとか、様々な思想・主義を持つ経済学者が加入していたので、それらの存在が学会内で意見対立を生んだもう一つの原因だったのである。

このように政治運動をも容認する学会であったし、種々の主義・思想を持つ人が混在しておれば、いろいろな主張が交錯して派閥争いをする結果として、対立が深刻となり学会運営が困難になるのは明らかな帰結である。しばらくして社会政策学会は混乱の下に休眠状態となり、ついに一九二四（大正一三）年には学会は幕を閉じた。わずか二七年ほどの活動期間にすぎない学会であった。

福田徳三（一八七四－一九三〇）

金井延より一〇歳ほど若い福田徳三は、日本社会政策学会の創立時期の後に、もっとも学会が活動を活発にしていた時期の中心人物の一人なので、福田をやや詳しく論じておこう、東京高商（現・一橋大）出身の経済学者で、当時は多くの新進気鋭の学者が行ったドイツ留学を経て、母校（後に東京商大となる）で教授をした人である。一時慶應義塾にいたこともあったが、生涯を母校で過ごした。一橋大のみならず戦前の日本を代表する経済学者の一人である。

福田の生い立ちはややユニークである。父は刀剣商の福田徳兵衛、母は信子という九州の臼杵《うすき》藩の藩士の娘である。この母親の影響が強い下で育ち、徳三は一二歳のときにキリスト教の洗礼を受けた。明治時代の重要人物としてキリスト教信者の多いことを再述しておこう。さらに母親は徳三が一四歳のときに三八歳の若さで亡くなっているが、興味深いのは、息子への遺言として、「キリスト教の東京神学舎か、商法講習所（後の東京高商、東京商大）に進学すべし」と残している点である。前者は信者として当然の勧めだが、後者は息子に経済的に安定した自立の生活を送るには、商業を学ぶのがよいという意味を秘めている。母親は経済的に苦労したので、息子には生活の糧を得ることのできる商業学校に、と考えたのである。

遺言をそのまま受け入れたからなのかどうかはわからないが、福田は商法講習所から校名を東京高商に変えていた学校に入学し、上の専攻部まで進学して修了する。高商の講師となってから二年後の一八九八（明治三一）年から三年間、ドイツに留学する。そこで新歴史学派の左派、ブレンターノに学んだ。

ここでドイツ留学時代の福田について少し述べておこう。これは玉野井（一九七一）に詳しいのでそれに準拠する。福田は語学力に非常に秀でていて、ドイツ語はもとより英語、フランス語、ギリシャ語、ラテン語にも精通していたとされる。ブレンターノの指導の下、ドイツ語で博士論文を書いた。筆者は恐らく日本人の経済学者の中でドイツ語で博士論文を書いた最初の人は福田ではないかと思っていたが、福田より以前に既に博士号を得た人のいたことをディステルラード（二〇一五）から知った。新渡戸稲造（後の京大教授、東京女子大学長、国際連盟事務次長）と草鹿丁卯《くさかちょう》次郎《じろう》（第四高等学校教授、住友倉庫常務、住友財閥幹部）が、それぞれ一八九〇年の同時に取得していたのである。

ブレンターノの下で、博士論文をもとにした『日本の社会的経済的発展』という書物を一九〇〇年に出版したのであるが、ブレンターノの文章にはいかに福田が聡明であったかが残されている。ドイツの大学の図書館には日本語の文献はさほどなく、いろいろな苦労を重ねて日本経済史に関する資料を集めてドイツ語で書いたのである。この書の中身に関しては、日本の歴史に関してそれほど深い学識のなかった福田の記述内容には、多少の間違いもあったことが玉野井（一九七二）で記述されている。

特に福田はヨーロッパの資本主義の歴史的発展と、日本の資本主義の歴史的発展には類似点が多いことを指摘したが、そもそも両者の間には時期的なずれがあった。すなわち福田が日本にいた頃はそもそも日本の資本主義はまだ発展していなかった。さらに機械や動力をどれほど用いたかについてもヨーロッパと日本の間に違いがあるので、類似点の多かったとする福田の主張には無理がある。しかし日本の学問がまだ幼稚だった時代に、ヨーロッパの人々に日本の歴史的発展をドイツ語で示したことの価値は大きかった。玉野井はこの書物を、日本の経済学は輸入ばかりであったところに、最初の逆輸出とまで呼んで称賛している。

福田は帰国後に東京高商に就職するが、校長の松崎蔵之助と衝突し、休職の処分を受ける。福田は性格的に熱しやすく冷めやすく、やや攻撃的で短気でもあったので、大学昇格問題で校長に反抗したのである。ついでながら松崎は、もともと東京帝大・法科大学の財政学の教授であったが、大内兵衛（一九六〇）によると東大ではつまらない財政学の教師である、とこきおろされた人である。

福田は一〇年間ほど休職したが、その間に慶應義塾で職を得ている。慶応では後に塾長となる小泉信三を育てた。この間に福田はトマス・アクィナス研究によって、法学博士の称号を東京帝大から授かる。キリスト教の洗礼を受けていることや、思想史に関心のある福田が取り組んだ得意な領域である。美濃口（一九八六）では東京商大での経済学説・思想史の起源は福田に始まっているといると述べているほどである。この間の一九一九（大正八）年に福田は、友人の三浦新七や左右田《そうだ》喜一郎の後押しで母校に戻っている。

福田の研究範囲はドイツの社会政策に加えて、イギリスの古典派・新古典派の経済学にまで拡大した。福田は外国語の専門書が出版されると、すぐにその書物を購入して紹介文を書くという仕事をするのが好きであった。誰よりもいち早く外国語による経済学の知識を得たことを自慢していたほどであった。

荒（一九八六）によると、福田はアルフレッド・マーシャルの研究に没頭し、彼の『経済学原理』を中心にして書物『経済学講義』を刊行した。経済原論の講義においてもイギリス経済学を中心にして話すことになる。ドイツ歴史学派を学んだ福田が、アングロ・サクソンンの経済学に軸足を移すようになったのは、当時のヨーロッパにおいて歴史学派よりも古典派や新古典派の経済学が再び強くなりつつあった傾向の反映でもあった。オーストリアというドイツ語圏においてすら、例えばカール・メンガーのように新古典派経済学の柱である「限界革命」を主張するようになったし、ボエーム・バヴェルクのような人も出てきた。当時はクールノー、ワルラス、エッジワース、パレートなどのように数学を使った経済学が主流になりつつあり、福田は自分が数学が不得意なので、弟子の大塚金之助（後にマルクス主義者として東京商大を追放される唯一の経済学者）がヨーロッパに留学するときに数理経済学を勉強してこい、と命令していた。大塚は結局は数理経済学を勉強しなかったが、同じく福田の弟子である中山伊知郎（後の一橋大学長）は数理経済学を学んで、一橋における数理経済学の中心人物となる。

福田のマルクス経済学と社会政策

福田は思想史、歴史学派、新古典派経済学に加えて、マルクス経済学の勉強も行う。マルクス経済学に関する著作もいくつか出版していることが、種瀬（一九八六）によってわかるが、福田は基本的にマルクス学派になることはなかった。橘木（二〇一一a）で論じた京都大学のマルクス経済学者である河上肇と論争を重ねるが、一つはマルクス経済学で用いる経済専門語の翻訳に関することであり、二つめはもう少し本格的な論争を行った。後者に関しては、一般にマルクス主義は資本主義が労働者による過小消費によって内在的に崩壊していくことを予想するが、福田はツガン・バラノフスキーの再生産方式を用いて、生産が拡大するから資本主義は内在的に崩壊しないと主張したのである。一方で河上はこの福田の主張に賛成せず、ローザ・ルクセンブルグの再生産方式を用いて、資本主義は崩壊すると反論した。現代の視点からこの二人の論争を評価すると、資本主義は様々な問題を抱えながらもまだ崩壊していない現実を見ると、福田説が河上説より勝っているように見える。

さらにもう一点、福田がマルクス主義を批判したのは、マルクス経済学そのものが資本主義を放置しておくと、利潤率低下法則が成立するとして自然に崩壊すると予測しているのに、一部の社会主義者は社会政策を実行して労働者を助けるべしと主張している。放置しておけば自然消滅するのに、延命策を行うのは理論的に矛盾があるとして批判したのである。この主張は彼の『社会政策と階級闘争』にまとめられている。

筆者は福田のマルクス経済学批判よりも、彼の若い時代における社会政策に関する論説に関心がある。彼の真骨頂はここにあると思うので、そのことを述べてみよう。福田がドイツに留学したときには、イギリス流の個人や企業の自由な経済活動を重視した経済学とは異なり、ドイツでは歴史学派の経済学が主流であった。すなわち、イギリスよりも後進資本主義にあるドイツでは、経済の発展は歴史の発展と結びついていると考え、原始時代、牧畜時代、農耕時代、工業時代、商業時代というように発展段階を経ると考えたのである。そして時代が進むにつれて国家の役割は重要となり、いわゆる国民国家論が提唱される。この論理から、ドイツ歴史学派はイギリスの自由貿易論を排し、国家が関税をかけて自国産業の保護を行うことを容認したのである。あるいは労働の分野でも、国家ないし公共部門の役割を重視するのである。さらに、国家主導の産業政策の必要性も主張した。

福田の社会政策論の根幹は、大陽寺（一九八六）、京極（一九九五）の主張するように、生存権の立場を鮮明にしたことにある。従来の福祉政策はキリスト教的な博愛主義や慈善運動という発想に依存していたが、「人には生きる権利がある」という根本的な思想に立脚して福祉を考えた方がよいという理論を、積極的に展開したのである。これが社会政策を生む根本原理であると主張した福田の思想は、後の人々にも大きな影響を与えたのである。

一八七三年にドイツで既に紹介した社会政策学会が設立されたが、この時期からの歴史学派を、それまでのアダム・ミュラー、リスト、それにロッシャーなどによる旧歴史学派と対比させて新歴史学派と呼ぶこともある。新歴史学派の学説を一言で要約するならば、資本主義経済が発展すれば、確かにマルクス主義が主張するように労働者の労働条件が悪くなることは避けられず、それを是正するには工場法による労働者保護や、医療・労働災害・年金・失業などの社会保険制度の整備による安心の賦与、生活の改善等の政策が必要と主張したのである。ここで重要なことは、必ずしもマルクス主義のような強硬な路線を支持せず、比較的穏健な改良主義を思想の核としていたところに特色がある。

福田のもう一つの大きな貢献は、東京商大の教授だった頃に弟子を多く育てたことにある。幅広い学問分野を専攻した福田らしく、経済学者のみならず、経営学や経済史の分野でも一流の学者を生み出した。どのような人が育ったかは橘木（二〇一二b）に譲るとして、経済学者の中では次の人々の名前だけ書いておこう。中山伊知郎、大熊信行、大塚金之助、赤松要、井藤半弥、杉本栄一、山田雄三、高島善哉、などである。この中で大塚と高島は後になってマルクス経済学で著名となった。

福田の東京商大での役割として興味のある点は、玉野井（一九七一）に書かれている次の二点である。第一に、研究者になる人へのトレーニングは峻烈をきわめていて、毎月三〇〇ページにも達する量の書物、論文を読め、と命じたそうである。

第二に、商科大学に在籍しながら学生の教育、特に就職する学生に対してはまったく無頓着であった。「大学存在の本来の目的は、いうまでもなく学問のフォルシュンク（探求）であって、卒業生を世に送りこむことではない。……卒業生がお巡りになろうと、チンドン屋になろうと、そんなこと構っちゃあいられない」と述べたとされる。現代でこのような発言をしたら非難ごうごうと予想できるが、当時の旧制大学のエリートぶりからすると、許されたのであろう。

大正前半期の経済学のまとめ

明治末期から大正前半期の経済学をまとめると次のようになろう。第一に、まず経済学は他の学問領域と比較すると、まだ明治時代における学問の優劣、すなわち法学、医学、理工学が優位で、経済学、文学は劣位という姿は残っていた。経済学にいたっては、東大内で文科大学、法科大学の中で小さな役割しか演じていなかったし、経済学を専門の科目にする教授の数が限られていた。東京高商においても設立の経緯からして、商業、簿記・会計、金融、貿易などの実践科目が優位で、経済学は細々と研究・教育をしているにすぎなかった。慶應義塾だけは例外で、創設者の福沢諭吉の影響力によって、理財科（経済学部）は中心の地位を占めていたし、経済学は優位でしかも人気のある科目であった。

第二に、学問の内容について一言述べておこう。明治初期にはイギリス流の自由主義に立脚した古典派経済学が優勢だったところ、時代が進むにつれて日本がドイツの社会・経済組織を理想とするようになったことと、ドイツの歴史学派経済学がどんどん輸入され、しかも日本人の留学生がドイツに殺到したことも手伝って、歴史学派経済学の勢いが増した。

一方でマルクス経済学の輸入が見られ、資本主義が遅まきながら発展に向かおうとしていた日本においても、労働者、農民、中小商工業者が苦しい生活を強いられていた現状を、好ましく思わない人の出てきたことも自然のことであった。特に大学などの教育機関に属さないインテリや評論家の中でマルクス主義を主張する人の多かったことがこの時期の特色であった。官立学校の多い当時の教育機関だったので、大学や専門学校の教員は公務員であり、政府がマルクス主義者を採用しようとしないことも影響して、マルクス経済学者を雇用する雰囲気は弱かったのである。

第三に、経済学はどこまでも輸入学問であり、外国書の翻訳や紹介が圧倒的に多い時代であった。経済学者の仕事はせいぜいその宣伝か反対意見を述べるにすぎなかった。むしろ江戸時代の方が日本独自の経済思想を提唱した時代と言ってよい。明治時代に入って外国から続々と未知の経済学が入ってくるようになり、目新しさに魅かれて欧米の経済学に多くの人が飛びついたのは不思議な現象ではない。日本の資本主義はまだ前兆の時期にすぎず、欧米の資本主義が発展していた時代に書かれた当時の経済分析だったので、日本人の中に戸惑いや消化不良、あるいは誤解のあったことは避けられないことであった。

第4章

大正後半から昭和初期

経済学部の独立

大正後半期において経済学に関する一大事件は、一九一九（大正八）年に東京大学と京都大学の両帝国大学において、経済学部が法科大学から独立したこと、そして東京高等商業学校が大学に昇格して東京商科大学となったことである。早稲田、慶応、中央、同志社などの私立大学が、旧来は大学と称していたが実質は高等専門学校レベルしかなかったところ、旧制大学として昇格したのもこの時期である。

東京、京都の両帝国大学において経済学部が法学部と並ぶ地位を保った効果には大きなものがあった。さらに東京商大などの昇格もあったわけで、なぜ経済学部が重くみられるようになったのかを考えてみよう。まず第一にもっとも重要なことは、大正時代に入ると日本も産業革命を経験して、資本主義の発展がみられ、経済界で働く人の高い資質が求められる時代に入っていた。

これまでは官僚養成のための法科万能の時代であったが、企業経営・工場管理や人事・経理の管理の分野での人材が必要となった。わかりやすい言葉を用いれば、サラリーマンの養成と、より高度な知識を持ちつつ、企業において会計、人事、営業、金融、貿易の分野で活躍する人が期待されるようになった。

もっとも日本の経済学部での教育、ひいては大学教育一般が優れた企業人、経営者の養成にどれほど貢献していたか、はなはだ疑問である。従来からそしてごく最近までの日本の企業では、大学教育によって企業人としての基礎訓練に期待していた事実はなく、「白むくで企業に来い」という言葉で象徴されるように、入社後の企業訓練によって育てる伝統があった。ではなぜ大学卒を企業は雇用するのか。困難な入学試験を突破したという学力の高さと、頭の良さだけに期待していた、と結論付けてよいと思っている。

第二に企業とは無関係に大正時代にはいわゆる「大正デモクラシー」と呼ばれた思想なり運動があったので、国民の間でインテリジェンスへの期待感が漂っていた。その中でも、これまで度々述べてきた社会問題や格差問題が発生していたのに対する解決策への期待が社会にあったことが、経済学部の誕生を促した。これは体制支配者（資本家、経営者、保守政治家など）からの希望ではなく、むしろ被支配者側からの希望と言ってよい。それはドイツ歴史学派の影響による社会政策学会の誕生や、マルクス経済学の高揚などで象徴される。政府・文部省もこの動向を無視できず、経済学部の独立に踏み切ったのである。

東大経済学部の誕生期における教員としては次のような名前がある。すなわち、高野岩三郎、森戸辰男、大内兵衛、土方成美《せいび》、舞出長五郎、糸井靖之、矢内原《やないはら》忠雄、櫛田民蔵、権田保之助などであった。当時の日本の大学の経済学部の中では、東大の教授陣がナンバーワンであったことはこのリストから理解できる。橘木（二〇〇九）では東大経済学部のことを一章を設けて論じたが、その中で森戸、大内、土方、矢内原については細かく論じたので、ここでは多くを語らない。

東大経済学部の創成期において特に重要なのは高野なので少しだけ述べておこう。高野も若い頃にドイツに留学して、社会政策と統計学を学んだ。日本社会政策学会の設立に大きく貢献したし、さらに特に統計学が重要で、当時のドイツで統計学が勃興していた時期だったのでそれを一早く導入し、東大の法学部で統計学の講座を担当していた。経済学部の独立運動の先端に立っていた重要人物であったが、独立後の半年で辞職することとなった。他の教授も後に述べるように東大を去るのであるが、これらの人々のような政治や思想の問題が辞職の理由ではなかった。弟子として森戸辰男、大内兵衛がいるので、この意味でも東大経済学部では重要人物なのである。

先に列挙した東大経済学部のスタッフを、後にどのような経済学者になったかまでを含め考慮して大胆に色分けすると、社会政策学派（既に述べた金井）、マルクス学派（大内）、国家主義派（土方）ということになる。経済自由主義の古典派なり新古典派の経済学に深入りした人の名前は創設時にはない。土方がその候補であるが、彼は後に国家主義派になるのでここでは自由主義派に入れないでおく。後に詳しく述べるが、創設して一七年後の一九三六（昭和一一）年頃の東大経済学部は、マルクス派、国家主義派、自由主義派の三派閥の拮抗であった。その代表者は順に、大内兵衛、土方成美、河合栄治郎である。

東大経済学部の創設時では、社会政策学派がもっとも多人数であったと言えるのではないだろうか。大内の自伝を読むと、若い頃の学生や助手の時代ではまだマルクス経済学はそれほど勢力がなかったと述べていることからもそれが類推できる。創設時のメンバーとしてここで列挙した人のうちかなりの人は、キャリアを重ねるうちに歴史学派ないし社会政策学派からマルクス学派に移っていったのではないか、と解釈しておこう。

東京高商から大学に昇格した東京商大ではどうだっただろうか。もともとは商業、簿記・会計、貿易、金融など実務教育を中心に行っていた学校なので、経済学の伝統はなかった。しかしお隣の東京大学ではこれも細々とはいえ経済学、特にドイツ歴史学派や社会政策の学問を研究・教育をせねばならないという雰囲気は芽生えていた。東京高商は商業学校の時代から学内に「前垂派」と「書生派」の二派があった。前者は商業や簿記・会計を勉強して商業やビジネスに従事する人への教育を重視する派、後者はそれよりも学問をもっと教えるべしの派であった。当然のように「前垂派」が勢力の強かった時代が続いたが、「書生派」も少しながら勢力を強めるようになっていた歴史がある。

高商からすると東大は格上の学制なだけに、上にいる大学で高級な学問をやっているのであるから、経済学をこちらもやらねば、という劣等感も左右して東京高商でも経済学が芽生えようとしていた。東大に追いつけとの意識も多分あっただろうと想像できる。そうこうしているときに、一九一九（大正八）年、東大経済学部が法科大学から独立すると同時に、東京高商も東京商大へと独立した。経済学を研究・教育するという雰囲気が一気に高まったのである。その中心にいて活躍したのが福田徳三であった。企業を育てる実務教育に関心のあまりなかった福田のことは既に述べたが、福田は東京商大の中で経済学の中心人物になるのである。どのような経済学を勉強したのかは既に述べたので、ここでは再述を避ける。

河上肇（一八七九－一九四六）

東大と同時期に京大も経済学部が法科大学から独立した。とはいえ法科大学内に経済学関係の講座の数は少なく、経済学者は少なかった。京大での最初の経済学教授は田島錦治であった。その後すぐに神戸正雄を含む三名の助教授が着任した。京大は東大の後になって創設されたので、教授陣のほとんどは東京帝大で経済学を専攻した人であった。その後同じく東大出身の河上肇が着任したが、河上は後に有名な「河上事件」の当事者となるし、京大を代表する、あるいは日本を代表する大スターのマルクス経済学者となった。

京大出身で初めて経済学の教員となったのは、田島の門下生であった財部《たからべ》静治であり、一九〇四年（明治三七）のことであった。経済学関係において京大出身者がその後増加するようになった。創設時の京大経済学部における研究や教育については多くを語る必要はなく、東大経済学部と似たようなものであった。

一つだけ特記するべきことは、京大経済学部は日本の紀要『経済論叢』を研究誌として出版していたが、一九二六（大正一五）年には英文版 *Kyoto University Economic Review* という日本で最初の英文専門誌を発刊した。柴田敬がこの英文誌に書いた論文が、ポーランドの経済学者であるオスカー・ランゲに賞賛され、国際派エコノミストとして柴田の名前が記憶された。なおこの英文誌は二〇〇四（平成一六）年になって模様替えをして、*The Kyoto Economic Review* と改名の上、第一号（通巻一五四号）が出版されたが、そのときの編集代表が不肖、橘木俊詔であった。この英文誌はまだ国際的に一流誌として認知されていないが、今後への期待はどれほど良質の論文を内外から集めて出版できるかにかかっている。

ここで河上肇をやや詳しく論じてみよう。河上は一八七九（明治一二）年に山口県岩国で生まれ、旧制山口高校を経て東京帝大法科を卒業する。卒業後は東京帝大農科大学講師を経て、読売新聞に入り経済記事や評論文を発表していたが、批判を受けたり自己の人道主義的な社会政策論に行き詰まりを感じて新聞社を辞し、学究の道に入った。京都大学在職中にヨーロッパに留学し、在欧中に見聞きしたことや学術情報を『朝日新聞』に連載したものを、『貧乏物語』（一九一六〔大正五〕年）として出版する。この本は当時のベストセラーとなり、河上の名を一気に有名にした。

河上の個性なり人物像に関しては牧野（二〇一〇）に詳しい紹介がある。それらをまとめると次のようになる。第一に、後に先鋭的なマルクス経済学者になる河上であるが、愛国心の強い人であった。長州藩の武家の子息だったので、吉田松陰を敬愛しており、日本の国益を守るためとして、ジャーナリストのときには自由貿易よりも保護貿易を主張した。投資に関しても海外投資をするよりも国内投資を活発に行って、国内産業を育成すべきと主張していた。多少ナショナリストの性格と関係あるようだし、漢詩を愛したのであり、有名な漢詩がいくつか残されている。

第二に、これもナショナリストと関係するかもしれないが、海外留学は意義なしという意見を持つようになった。ベストセラー『貧乏物語』はヨーロッパで見聞したことを書いたものでありながら、「留学はやめとけ」ということを後になって言い出したのである。その根拠は、外国人の講義を外国語で聞いてもほとんど理解できないことと、海外文献を読むのであれば日本で購入してじっくり読むことができる、というところにあった。昔の知識人の外国語読解力は教育がしっかりしていたので非常に高かったが、会話の訓練は乏しいことの反映かもしれない。文豪・夏目漱石もイギリスでの生活になじめなかったのは有名なことなので、性格によるところが大きいものと推察できる。

第三に、これもナショナリストの表れかもしれないが、海外の模倣をできるだけ避けて、日本独自の文化、文明、思想、学問を大切にしたいと主張していた。これまでの経済学があまりにも輸入学問に依存していることにいらだちを感じていたのかもしれない。河上が江戸時代の佐藤信淵《のぶひろ》などの経済思想を勉強していたのは事実だった。ここで佐藤信淵とは、江戸時代後期の農政家、思想家であり、経済にも関心を持っていた。統一国家の必要性を説いたので、明治国家の成立への一つの思想を提供した人として知られている。とはいえ河上の頃の経済学は欧米経済学の方がはるかに進んでいたのであり、遅れていた日本の経済学がそれに追いつこうと必死の努力をしたことまでは非難できないと思う。

なぜ河上の『貧乏物語』が注目を浴びたかといえば、イギリスをはじめとしてヨーロッパ諸国の人々がいかに貧困に苦しんでいるかを、さほど学問的にではなくルポルタージュ風に読みやすく報告したからである。資本主義の発展が頂点に達しようとしている時代であり、河上には日本人に対して警告を発する意図があった。それでも経済学への言及は多少あって、アダム・スミスやカール・マルクスの経済学についても述べているが、筆者が読んだ印象としても学問的には第一級ではなかった。

河上によると貧困には次の三種の定義があるとされる。第一は、富める者と比較したときの貧乏人を考えることであり、現代風に言えば相対的貧困である。第二は、被救恤者《きゅうじゅつ》と呼ばれるような、他者から経済支援を受けている人を貧乏人とする。現代風に言えば、家族の支援を受けたり政府から生活保護支給を受けている人である。第三は、経済学でいう貧困線より下の所得しかない人を貧乏人とみなす考え方で、これは食料をはじめ生活必需品の消費が最低水準以下の者であり、現代風に言えば絶対的貧困である。

河上はこの第三の定義による貧困を、イギリスの古典的研究であるシーボーム・ラウントリーやチャールズ・ブースの研究成果からていねいに紹介しており、イギリスの貧困率はほぼ三割の高さにあると述べて、日本への警鐘とした。ラウントリーやブースの研究内容は橘木・浦川（二〇〇六）に詳しい。河上はなぜこのようにイギリスなどで貧乏人の数が増加しているかを解説しているが、政策論議としては素朴な案しか提案していないのに失望する。例えば、富裕層が自ら進んで奢侈《しゃし》（贅沢）を止めればよいとか、生産事業を私人の金儲けのためにしないとか、国家が資金を軍備や教育に用いるべし、と述べているのにすぎない。これらの政策はある程度正しい面もあるが、現実経済の解釈や政策論議はまだまだ不十分であると言ってよい。

現に弟子であった櫛田民蔵や、社会主義思想の堺利彦らの厳しい批判を浴びた。それに応じるためもあって河上は本格的にマルクス経済学を勉強するようになった。批判を真摯に受け止めて、まじめに対応する姿は賞賛に値する。唯物史観に立脚しながらマルクス経済学による論文や書籍を出版するようになった。政治の世界にも関心をもって、一九三二（昭和七）年には共産党に入党する。

共産党入党以前にも、河上は京大で一九二六（大正一五）年にマルクス主義に基づく経済学の研究組織である「経済学批判会」を創設して、対外的な活動を行っていたし、政府批判や社会主義啓蒙を行っていた京大の学生組織である「社会科学研究会」で顧問のような助言も行っていた。当時は一方で政府は右翼化、軍事国化しており、大学での「左傾」教授の弾圧に乗り出した時代でもあった。一九二八（昭和三）年に文部省は東京帝大の大森義太郎、九州帝大の向坂《さきさか》逸郎とともに、京大の河上の地位を奪う策に出た（それに続く東大におけるマルクス経済学者の追放に関しては橘木（二〇〇九）参照）。

立花（二〇〇五）は、数多くいたマルクス経済学者の中でも、河上を「マルクス主義経済学最大のスター」として特記している。京大での講義もマルクス主義を鮮明に出して語っていたし、著作・訳書においても『資本論入門』や『経済学大綱』『資本論』（共訳）などを次々に出していた。当時は治安維持法が施行されていたので、マルクス経済学の書物は軽々しく出版されえなかったのではないかと予想されがちではあるが、実際には社会と学生の関心の高さから、マルクス主義に関する本は多く出版されたし、かなりの販売部数だったのである。

例えば改造社が一九二八（昭和三）年に全二八巻の『マルクス・エンゲルス全集』を出版し、岩波書店、希望閣、弘文堂などの五社連合も河合を編集委員の一人とする全二〇巻の『マルクス・エンゲルス全集』の出版を企画した。上野書店からは河合肇・大山郁夫の監修で全一三巻の『マルクス主義講座』が出版された。河上が編集、監修という立場にいたことからマルクス主義の中心メンバーであることがわかる。河上本人の『経済学大綱』の上篇は、同じくマルクス経済学の東大・大内兵衛によると、一五万部も売れて河上は印税が一万五〇〇〇円も入ったとされる。

河上は経済学界における大スターであったが、当然のごとく京大経済学部においても看板教授であった。河上を慕って京大に入学する学生が多くいたし、代表者として後に首相となる近衛文麿を挙げておこう。彼の講義では教室が満員になり、経済学部生以外や外部の人まで聴きに来たので立ち見が出るほどであった。堀江編（一九四八）による『回想の河上肇』のなかでは、京大生が河上の自宅の前を通るときは、門の前で脱帽して敬意を表している姿があった、と立花（二〇〇五）で紹介されている。

左傾教授のシンボルであった河上を、当時ファシズム化が進行しつつあった政府の意向を受けて、文部省は京大の荒木寅三郎総長に圧力をかけて、やめさせられないかと東京の本省で迫った。荒木総長は京都に戻ってから、学部長の財部と長老の神戸教授（この二人の名前は既に紹介した）の三人で相談して、河合への辞表提出を求めることを決めた。それは経済学部教授会の議を経ていない異例の辞職勧告であった。大学の人事（採用・昇進・解雇）は普通は教授会の合議で決めるのである。

京大、特に法学部教授会は、この勧告は教授会自治に違反するのではないかとして、河上辞任要求は経済学部教授会で審議するように要求したのである。その経済学部教授会の決定が、なんと大変あいまいなもので、「総長が辞職を要求する根拠に必ずしも同意するものではないが、河上教授が自らの意思で辞職するのなら、総長の要求に異議を唱えない」というものだった。

河上は教授会決定事項のあいまいさにもかかわらず、この決定は教授会自治から生まれたものであるから、辞職を容認するという態度に出て、実際に辞職を大学に出したのである。このようなあいまいな教授会決定であっても、河上はなぜ辞職を願い出たかといえば、立花（二〇〇五）は河上自らが自分はいずれ大学を辞めねばならないだろう、と自覚していたことが大きいという解釈をしている。それは河上の『自叙伝』の中で記されてもいる。なぜならば世の中は右傾化が進んでいるし、自分はマルクス主義の思想を説いているのであるから、時の権力者から嫌われることを、河上は既に予測していたのである。さらに世は資本主義の道をまっしぐらに歩んでいるのであり、自分の主義に反する大学や社会から隠遁した方がよいとさえ思ったのである。

筆者自身は経済学教授会が、辞職勧告に断固反対か、それとも賛成かという決議をせずに、暗に自発的な辞職を容認するというあいまいな行動をなぜとったかに、同じ大学人として興味がある。これは当時の教授会メンバーの性格、信条まで探究しないと正解は得られないので、想像の域を出ないが、次のような要因が重なったのではないだろうか。

第一に、教授会のメンバーの中に思想上の対立としてマルクス主義に賛成しない人がいたことは確実なので、そういう非マルクス系の人は河上の辞職を、経済学部内の勢力争いの関係から密かに期待していた。第二に、スター経済学者である河上に対して、人間社会の常として嫉妬心を抱いている人もいたはずで、彼の退場を個人的に望ましいと思っていた。第三に、政治信条とか友人関係といったことと無関係に、河上は世間や京大を騒がせて批判の対象となっているのであるから、組織の安泰を保つには辞職した方がよい、と思っている人もいた。

以上のような理由が重なって、経済学部教授会は「本人が意図的に辞任するなら異を唱えない」という大変あいまいながら、消極的にせよ辞職を容認した。一応教授会の自治は保全されたという格好はついて、河上は京大の自治権を守れたという名の下で辞職したのである。スター教授だったので印税収入は非常に多額であり、経済的な不安のないことも辞職を促した一つの理由であったろうと予想できる。

河上は京大を辞任後、『資本論』の翻訳をはじめとした学究生活を中心にした静かな人生を望んだが、高名なマルクス経済学者をまわりや政治の世界が見逃すことはなかった。特に共産党が河上に間接的に政治の世界に関与する勧めをしてきたし、経済的に裕福だったので左翼系の政党や新聞社が河上に寄付を求めてきたほどであった。立花（二〇〇五）はおもしろい紹介をしていて、「河上自身はマルクス主義で稼いだお金だから、共産主義の運動のためなら、喜んで金を出そうという気持ちが強くあった」として、かなりの資金をいろいろな人に提供していたようだ。基本的には左翼系の人や出版社に寄付していたのだが、偽の左翼人が現れて言葉巧みに騙し取られることもあった。

その後の河上は非合法の共産主義者として、結局は逮捕されて獄中生活を強いられたのである。ここで有名な事件が起きた。逮捕後半年もたたないうち、河上は共産党活動から絶縁するという宣言、すなわち「獄中独語」を公表するのである。この頃は治安維持法を根拠に当局は共産党員を次々と逮捕して裁判にかけて投獄していた時期で、かなりの党員が転向宣言をしていた。

河上の転向宣言は「マルクス主義を学問として信ずるし、獄中においてもその信念を変えなかったが、老境に達したので獄中生活の苦痛から逃れて楽に死にたいので、活動からの離脱を決意する」という内容で、新聞に大々的に報道された。河上の本意は執行猶予願いであり、裁判長への上申書では「今後マルクス主義の研究や翻訳から身を引く」とまで書いて「獄中独語」よりも一層進んだ減刑願いであった。現実は七年の求刑のところに、執行猶予なしの五年という実刑だった。河上は控訴せずに獄に入り、皇太子誕生による一年間の恩赦により、四年間の獄中生活後の一九三七（昭和一二）年に出獄する。

河上の人生は複雑である。彼のように表面上は政治信条を放棄して生き延びるか、『蟹工船』などのプロレタリア文字で有名で、共産党の活動をしていた小林多喜二のように、拷問を受けて獄死するのか、人の生き方は様々でどちらがより人間的とみなせるのか、困難な問いである。

マルクス経済学を巡る論争

カール・マルクスによる『資本論』と、マルクス・エンゲルスによる『共産党宣言』によって、マルクス経済学はヨーロッパにおいて経済学の一大思想として勢力を持つようになったし、日本への影響力も大きかった。マルクス経済学者やマルクス主義の思想家が日本で増加したことを述べてきたが、日本国内においてマルクス経済学を巡っていろいろな論争が火花を散らしたので、これらを考えてみよう。

第一は、櫛田民蔵との論争である。櫛田は京大での河上肇の教え子である。東大で若手の教員を勤めてから大原社会問題研究所でマルクス経済にコミットした研究者である。この研究所は紡績業の経営者でありながら社会福祉に関心をもって企業福祉のさきがけをつくった、大原孫三郎という人の設立した研究所であった。河上の弟子でありながら櫛田が師匠の批判を素直に受入れて、彼の経済学を深化させたのであり、好ましい師弟関係であるし、二人の仲は良かったのである。ところが櫛田は河上の批判を始めた。

櫛田の批判は『大原社研雑誌』の創刊号（一九二三（大正一二）年）に「唯物史観の公式における『生産』及び『生産法』」と題して、さらに「社会主義は闇に面するか光に面するか―河上博士著『資本主義経済学の史的発展』に関する感想」を翌年の一九二四年に発表した。

これらの批判を筆者なりにまとめると次のようになる。確かに資本主義は資本家が労働者を搾取する経済制度であり、労働者の労働条件や賃金は劣悪になる制度である。櫛田によると河上の論拠は人道主義的な理想主義によってそれを主張した面が強く、例えば唯物史観といった哲学的な論拠や、経済学の理論としての学問的な論拠に欠ける、というのが批判であった。

この櫛田の批判を知るにつけ、筆者は空想的社会主義と科学的社会主義の違いを思い浮かべる。空想的社会主義とは、イギリスのロバート・オーエン等を起源に持つ社会主義思想である。紡績工場の経営者であったオーエンは子どもが工場で働いている姿を嘆き、子どもの労働を排除したり、幼稚園を自分の工場に作ったりした。さらに長時間労働の規制を図ったりした運動の実践家であった。

労働者の労働条件を良くするため、労働者の保護を願ったのがオーエンであった。その目的を達成するためには労働者が団結して抵抗する必要があると感じ、のちになって友情組合や労働組合の運動にコミットすることになる。

オーエンはしばらくアメリカにいたが、帰英後に協同組合運動の指導者となる。資本家と労働者の対立が避けられない資本主義の下で、資本家がどうしても強くなる企業の形式ではなく、出資者が平等に経営に当たる協同組合をオーエンは好んだのである。

オーエンの場合には経済学を勉強した結果から社会主義が制度として望ましいという結論に到達したのではなく、むしろ企業や協同組合での実践活動の経験と、本人の平等や正義を好むといった倫理的な人道主義の思想からそう思うようになったのであり、必ずしものちのマルクスなどによる科学的分析による経済学の論理から得られたものではない。

空想的社会主義はフランスにおいても論じられることが多かった。一八世紀から一九世紀にかけて必ずしも経済学の論理からではなく、私的財産権の制限、計画による生産と分配の決定、不労所得の抑制などの社会主義的な政策を主張したのが、アンリ・ド・サン＝シモン、シャルル・フーリエ、ピエール＝ジョゼフ・プルードンといった思想家、改革者である。

ここでの政策は、のちになって社会主義国家が誕生したときに導入された政策であることに気がついてほしい。これらの人は理想を求めたユートピア思想の延長線にあるとみなしてよい。

フランス人の個々の人が具体的にどのような社会主義的な政策を主張したかに関しては、例えば猪木武徳による『経済思想』（岩波書店、一九八七年）に譲る。猪木によって、興味あるフーリエに関する逸話が紹介されているのでここで述べておこう。フーリエはマルセーユの商社時代に、食料飢饉であるにもかかわらず、儲からないという理由でもって企業が米を海に投棄する仕事をさせられた体験から、自由主義による資本主義が嫌いになったとされる。

このことからオーエンの社会主義や、フランスによる改良主義は『空想的社会主義』として、エンゲルスなどのマルクス経済学者から半分、揶揄を込めて呼ばれるようになった。「空想的」というのは単なる理想に燃えた感覚的な社会主義にすぎず、経済学や哲学の論理や理論、あるいはは演繹から得られた社会主義ではない、という意味がある。櫛田はこのマルクスやエンゲルスの「科学的社会主義」を好んで、河上の説は「空想的社会主義」にすぎないと批判したのである。ここで筆者独自の印象を呈示しておこう。

櫛田と河上の論争は、マルクス経済学の理論にまで発展し、二人は『資本論』の解釈や労働価値説を巡って論争を続けたが、その論争にはこれ以上深入りしない。マルクス経済学者でない筆者が論争の深部まで正確に理解できない理由もあるが、むしろ二人の論争において国民にとって興味深いのは空想的社会主義と科学的社会主義の対比で象徴したように、印象なり思想がより大切か、それとも論理なり演繹がより大切か、の論点であった。

講座派と労農派の論争

マルクス経済学の中でもっとも目立った論争はよく知られた講座派と労農派の対立であった。この論争の中身で重要な論点は次の二つであった。

第一は、明治時代から昭和初期までの日本資本主義の発展に関する見方の差であり、第二は、マルクス主義に立脚した経済の国にするのには、資本主義発達の見方に差のあることから、経済政策のやり方、それは革命のやり方に差があったのである。

まず日本資本主義発達がどうであったかに関して述べてみよう。講座派は野呂栄太郎（一九〇〇―三四）による一九三〇（昭和五）年出版の『日本資本主義発達史』がそのさきがけであった。日本では繊維工業を中心にした第一次の産業革命と、鉄鉱業、造船業などを中心にした第二次の産業革命を経て資本主義に向かったが、一方で農業がまだ重要な産業として歴然と残っていたことに注目する。しかも大地主と小作人の封建的な主従関係はまだかなり残っていたと野呂は分析した。

この野呂の先駆的な分析を山田盛太郎（一八九七―一九八〇）は発展させて、農業の分野はまだ「半封建的」ないし「半農奴的」な農民の残存という事実を強調した。日本の資本主義はまだイギリスなどのような工業中心の先進的な資本主義国になっておらず、後進国に特有な資本主義にすぎないと主張した。すなわち日本資本主義の特殊性を強調したのである。それは山田による一九三四（昭和九）年出版の『日本資本主義分析』で完結した。

野呂と山田の言説は、確かに日本の農業はこの性質が強いので、まず第一にこれを打破せねばならないということを考えたのである。これは例えばロシア革命でみられたような労働者が資本家を革命で倒すのに先立って、市民革命をまず実施して大土地と小作人の服従関係を打破するのが第一に肝心という思想につながる。もっともロシア革命自体にも農業における大土地所有の打破という面があったとの理解が一般的である。現に日本ではブルジョワ革命がまず最初に必要であり、次いで工業化による資本主義が完成に近づいたときに、社会主義革命を目指すべき、との「革命二段階説」を講座派は主張した。これは冒頭に述べた第二の論点に関することであった。ちなみにこの学派がなぜ講座派と称されるようになったかといえば、これらの経済学者が『日本資本主義発達史講座』を出版したからである。

一方の労農派は雑誌『労農』に寄稿した経済学者に多かったので、そう呼ばれるようになったのである。経済学者としては櫛田民蔵、大内兵衛、土屋喬雄、向坂逸郎などがいたし、政治の分野では山川均（一八八〇－一九五八）がいた。土屋には『日本資本主義史論集』（一九三七年）、向坂には『日本資本主義の諸問題』（一九三七年）の著作がある。

労働派は講座派のいう「半封建的」「半農奴的」の言葉があいまいであると批判し、かつ彼たちの用いた農業の統計データの扱い方にも問題があるとした。

革命に対する見方として労農派は、既に日本資本主義はもう相当程度発展したし、帝国主義への道を歩んでいるとみなせるので、労働者が資本家を倒す一度の社会主義革命だけで十分であると主張したのである。東大に属するマルクス経済学派の人には労農派の人が多かった。特に後の時代になって宇野弘蔵による「宇野理論」につながっていくのである。ところで東大では経済史専攻の人に講座派の人が多かったとみなしてよい。そして理論家には労農派の人が多かった。

マルクス優勢な時代における非マルクス経済学

次はマルクス学派と自由主義に立脚した古典派経済学の論争に入ろう。東京商大の福田徳三と京大の河上肇の論争は既に述べたが、ここでは慶應義塾の小泉信三（一八八八－一九六六）のマルクス経済学批判を検討してみよう。小泉は福田が東京商大を飛び出して一時期慶應にいたときの弟子である。池田・小室（二〇一五）によると、小泉が慶應の本家である理財科（経済学科）に入学せず、福田の所属する政治学科にわざわざ入学したのは、福田の講義を聞きたいがためとされているので、小泉は福田に心酔していたと思われる。当時の福田はイギリスの経済学者、アルフレッド・マーシャルの経済学に没頭していたので、講義も古典派経済学が中心であった。さらにイギリス古典派を賞賛したオーストリア学派のカール・メンガーなどの学説にも接していたので、メンガー、そしてその弟子のボエーム＝バヴェルクの影響も受けていた。

小泉のマルクス批判はボエーム＝バヴェルクのマルクス批判に忠実であった。マルクスの『資本論』の第一巻における労働価値説は、生産物の交換価値はその生産に要する労働投入量に等しく、それ以上の剰余価値は利潤になると考えていた。そこで利潤率は産業間で同一になるだろうと想定した。ところが現実の経済ではそれが同一でないので、その矛盾を説明するためにマルクスの『資本論』第三巻では、利潤率を同一にするような生産物の価格決定によって経済再配分が起こると考えたのである。

ボエーム＝バヴェルクや小泉にとっては、このマルクス経済学の批判を続けるのであった。特に小泉はメンガーやボエーム＝バヴェルクの価値理論を支持して、マルクスの価値論よりも優れていると理解し、非マルクス経済学の基本は価値理論にあると考えた。近代経済学を少しでも勉強した人は、フランスのレオン・ワルラス、イギリスのウィリアム・スタンレー・ジェボンズ、オーストリアのメンガーの三人はいわゆる「限界革命」をほぼ同時期に主張した経済学者との記憶があると思うが、経済学の基本はこの限界革命で出発した価格理論にあるとの主張の根拠になりうる。価格理論は近代経済学のどの教科書にも解説があるので、ここでは何が具体的なのかについて言及しない。

慶應義塾を離れて、東大の経済学者を経済思想で区分すると次のようであった。経済学部の独立時から少し経過すると、ドイツ歴史学派ないし社会政策派が主流であった。古典派やマルクス派は少数派であったが、その後マルクス派が増加する。若い頃は歴史学派ないし社会政策派であったが、年を重ねるとともにマルクス派になる人の増加と、新人にもマルクス派が増加した。マルクス派になったヴェテラン教授が、自分の後継者としてマルクス派の若手を採用したのである。しかしマルクス派が過半数を占めることはなく、古典派（あるいはリベラル派）もかなり在籍していた。

むしろ昭和時代に入ると、日本の右傾化を反映して、国家主義・保守主義の経済学者の増加が見られた。どういう経済思想を主張しているかは次に述べるとして、全体主義・軍国主義・帝国主義を支持する人の増加があり、日本の資本主義経済の動きと関係あることはいうまでもない。

東大経済学部での粛正と派閥抗争

京大の河上肇の辞任劇についてはかなり詳しく述べたが、東大経済学部は数多くの人が辞任、解雇、退職、休職、逮捕などの処分を、長期間にわたって政府から受けている。ここでは氏名とその年次だけを書いておく。一九一九（大正八）年の高野岩三郎教授、一九二〇（大正九）年の森戸辰男助教授、一九二八（昭和三）年の大森義太郎教授、一九三〇（昭和五）年の山田盛太郎助教授、一九三七（昭和一二）年の矢内原忠雄教授がその地位を追われた。その後一九三八（昭和一三）年の大内兵衛・有沢広巳・脇村義太郎の三教授・助教授の逮捕劇、一九三九（昭和一四）年の河合栄治郎、土方成美以外の辞任者の大半はマルクス主義者、ないしそのシンパであった。これらの人の退

表4－1　戦前・戦後期に教壇から追われた経済学者

東京大学	高野岩三郎（1919）、森戸辰男（1920）、大森義太郎（1928）、山田盛太郎（1930）、矢内原忠雄（1937）、大内兵衛（1938）、有沢広巳（1938）、脇村義太郎（1938）、河合栄治郎*（1939）、土方成美*（1939）、土屋喬雄（1942）、近藤康男（1943）
京都大学	河上肇（1928）、石川興二*（1943）
東北大学	宇野弘蔵（1938）、服部英太郎（1942）
九州大学	向坂逸郎（1928）、石浜知行（1928）、風早八十二（1928）、高橋正雄（1937）
東京商科大学	大塚金之助（1933）
大阪商科大学	立野保男（1942）、名和統一（1942）、上林貞次郎（1943）、木村和三郎（1943）、飯田繁（1943）、安部隆一（1943）、内田穣吉（1943）、豊崎稔（1943）
法政大学	美濃部亮吉（1938）、阿部勇（1938）、南謹二（1938）、笠川金作（1938）
専修大学	小林良正（1936）
同志社大学	住谷悦治（1933）、長谷部文雄（1933）、古屋美貞*（1935）、林要（1936）
早稲田大学	猪俣津南雄（1923）
慶應義塾大学	豊田四郎（1943）
巣鴨高等商業	芹澤彪衛（1938）

注）＊は非マルクス経済学者、（　）内は離職年。
出所）八木（1999）

任、休職劇の詳しい叙述は橘木（二〇〇九）でなされているのでそれに譲る。日本が全体主義、軍国主義という右傾化の著しい時代にあったので、マルクス経済学者ないしそれに近い人の著作、論文、言論などが治安維持法への違反として糾弾され、処罰の理由であった。

なお表4－1は東大のみならず、他大学において戦前・戦中に大学を追われた経済学者を示したものである。主な人はマルクス思想あるいは左派の政治思想の言動によって追われた人であるが、少数ながらそうでない人もいる。

一九三六（昭和一一）年頃の東大経済学部教授の派閥は次の三つで成っていった。(1)国家主義グループ（代表は土方成美）、(2)自由主義グループ（代表は河合栄治郎)、(3)マルクス主義グループ(代表は大内兵衛)。この三つの派閥が教員の採用、昇進、休職、退職に関する人事、学部長選出、どの科目を誰が教えるかということと、カリキュラムの作成など、教授会での様々な決定事項を巡って抗争していた。人間社会で三人集まれば派閥ができ、二人対一人の派閥を想定するが、東大経済学部は一人対一人対一人の三つの派閥体制になっていたのである。

人の好き嫌いだけで派閥が形成されたのではなく、学問の府だけに経済学の学説や思想として何を信ずるか、といったことの特色が派閥をつくっている大きな要因である。派閥の名前がそれを物語っている。国家主義グループは保守派であり、当時の政府・軍部が帝国主義路線を走っていたことを支持した。そのためには経済は自由に任せるのではなく、政府が強制的に統制する必要があるとして、いわゆる「統制経済」を主張していた。自由主義グループは経済学の父であるアダム・スミス、デヴィッド・リカード、ジョン・スチュアート・ミルなどの古典派・新古典派経済学の流れにある。ケインズ経済学は戦争前はまだほんの一部しか日本に導入されていなかったので、大きな勢力となっていなかった。マルクス主義グループは文字通りマルクス主義経済学の考え方に忠実であり、「資本家・大土地所有者」対「労働者・小作人」の階級対立において、後者の立場を優先する思想である。経済の運営に際しては、中央政府による計画経済を掲げている。

興味のあることは、国家主義グループとマルクス主義グループの双方が、中央政府の役割を重視していることである。もっとも前者は右翼思想に立脚しているし、後者は左翼思想に立脚しているので、社会・経済に関する基本の思想はまったく異なるものであり、政府の役割を同次元で理解しないでほしい。それにしても、右翼・左翼という両極端の思想をもつ経済学が、どちらも政府の果たす経済政策の役割を重視したことは強調されてよい。

国家主義グループは当時の戦時経済寸前という非常時にあること、天皇親政を好むので「皇道経済学」という言葉を用いたこともあり、統制経済の下で物財の生産量を決定する制度である。この場合価格をどこまで統制するかは、計画経済を運営するに際して様々な考え方があるので、一概に言えない。

国家主義経済学者

土方成美、河合栄治郎、大内兵衛という三大派閥の代表者は経済学部を追われたが、それまでの時代に権力側にいたのは誰かといえば、それは土方成美であった。日本が戦時経済に向かおうとしていた頃、皇道経済学や統制経済を主張していた土方は、政府や軍部の支持があり、花形経済学者として君臨していたのである。しかも当時危険思想とみなされていたマルクス経済学に進んで抵抗していたのも土方だったのである。ついでながら早稲田大学においてはドイツ人の経済学者である全体主義のゴットル派の経済学が有力だったこともあり、東大や早稲田大という主要大学において、右翼は一定の勢力があったのである。

今日では土方の経済学への貢献が語られることは、ほとんどない。土方の著作目録を見ると、非常に多数の著書を世に問うているので、当時の非マルクス経済学のスター学者であったことがわかる。しかし、平賀粛学で東大を去った河合栄治郎に連座して、東大に辞表を提出した大河内一男（ただし後に撤回）や安井琢磨という経済学者の仕事は、現代でも輝きを失っておらず、両名は学者としての名前は残っているが、土方成美の名前は忘れられてしまった感がある。

土方が経済学界でいかに大物であったかを示す、興味深いデータがある。現代の日本において非マルクス経済学（近代経済学とも呼ばれる）者の集まる代表的な学会は「日本経済学会」である。この学会の起源は一九三四（昭和九）年に設立された「旧・日本経済学会」にある。なぜ「旧」という言葉を用いたかと言えば、最初の学会は戦後に一時期消滅し、いくつかの学会に分散してから、一九九七（平成九）年に改めて統合されて、「日本経済学会」と名乗るようになったからである。「旧・日本経済学会」の設立発起人として、次の八名の名が残されている。すなわち、高田保馬、高垣寅次郎、高橋誠一郎、小泉信三、土方成美、中山伊知郎、柴田敬、杉本栄一である。当時の代表的な日本の大学、慶応義塾、東京商大、京大、東大などにいた著名経済学者の一人として土方は名前をつらねているのである。

土方の著作の量は書籍・論文の数でいえば、ものすごい量であったことがわかっている。しかし、実態は土方が自分の助手達に中身を書かせて、最後に自分の名を著者名として書くという手法をとっていたので、膨大な量の土方の著作物は実質的には助手たちの仕事に帰するべき、という暴露的な紹介がジャーナリストによってなされている、との指摘が立花（二〇〇五）にある。そういう暴露をしていたのが、マルクス主義者でかつて東大経済学部を追われて、一介のジャーナリストとなっていた大森義太郎であった。マルクス主義対非マルクス主義の対立からこのような暴露がなされたのか、それとも大学を追われた大森が花形教授である土方への恨みからかの暴露なのか、今となっては判定しかねるが、多くの助手を土方が私的に雇っていたことからすると、膨大な量の著作のかなりの部分はそういう理解で正しいと思われる。

話題を非マルクス経済学に戻すと、現時点に立って、当時の非マルクス経済学を評価すると、現在の非マルクス経済学は土方などの国家主義的な経済学を引き継いでいるのではなくて、自由主義派と呼ばれた河合栄治郎グループの経済学を引き継いでいるといった方がよい。河合の弟子であった安井琢磨・木村健康などの経済学が現代の非マルクス経済学（すなわち近代経済学）の中心になっているからである。戦後になってケインズ経済学がこれに加わる。土方グループやゴットル学派という右派の経済学は戦後になって復活することはなかった。

土方の戦後を簡単に振り返っておこう。マルクス主義派の大内兵衛などと異なって、土方は戦後東大経済学部に復職することはかなわなかった。戦後の民主化路線はマルクス主義派には寛容であったが、戦争協力者とみなされた国家主義グループには冷淡であった。すなわち、戦後の一九四五（昭和二〇）年の一一月になって、東大経済学部はいわゆる国家主義（革新派）グループ、難波田春夫や本位田《ほんいでん》祥男などの五名の教授・助教授を依願退職処分にしたし、平賀粛学で土方と連座して経済学部を辞職した国家主義グループ四名ほどの復職はなかった。民主化路線の吹き荒れた戦争直後だったので、戦争協力者、ないし支持派とみなされた国家主義の経済学者の居場所がなかったのである。一方戦前に大学を追われた大内兵衛などのマルクス主義グループは復職したのであった。これが戦後になって東大経済学部がマルクス主義経済学者によって占められる要因となったのは歴史の皮肉の一つでもある。

国家主義・右翼の経済学者が大学から追われたのは何も東大だけでなく、他大学でもいた。京大を例にすれば、石川興二が特殊である。マルクス派代表の河上肇の弟子でありながら、右派の経済学者になったし、日本帝国主義の実践版として大東亜共栄圏構想の経済版を主張するようになったので、国家主義の経済学者とみなしてよい。本来ならば政府から糾弾を受けなくてよい人であったが、治安維持法を「資本主義的堕落」と述べたことが仇となり、戦時中に休職に追い込まれた。皇国経済学を賛美した石川まで地位を失ったのである。ついでながら既に紹介した柴田敬も国家主義的な主張をしていたので、戦後に粛正された一人である。

現代の視点に立つと国家主義経済学はほぼ消滅しているので語られることはないが、経済学史の書物である本書ではそれを無視できない。土方はその派の代表であったが、この経済学がどのような経済思想を持っていたかは、土方の弟子である東大助教授であった難波田春夫の主張がより鮮明なので彼を追ってみよう。当然彼も後に東大を追われている。彼については牧野（二〇一〇）に詳しいのでそれに準拠する。

戦前の日本の経済学者の多くがドイツの歴史学派の影響を受けたように、難波田もその一人であった。特に新歴史学派の右派、ヴェルナー・ゾンバルトの影響を受けた。人間の精神の果たす役割に注目し、それが国家の役割にまで進展する姿を、日本に当てはめて考えたのである。経済の方向を規定する理念としての神話、経済の構造を理解するのに役立つ風土を重視したのである。神話を重視することは、天皇を唯一の精神的な元祖とみなして天皇親政国家の日本を考えるのにつながった。風土の重視は、モンスーン気候の特徴を生かすべく、米作を中心にした農業で生活の基盤をつくったし、それを担う「家」制度による農家における家族の重要性を主張したのである。これら天皇制と家制度を保持することが、日本が国家として成立、発展するための基礎的条件であると難波田は考えたので、国家主義的経済学の特徴は理解できよう。

欧米の産業革命に遅れて日本もまがりなりにも繊維、化学、造船、軍事などの工業化を達成したが、欧米よりもその時期は遅れていたし、農業がまだ大きなウェイトを占めている日本経済であるとの認識は、マルクス経済学における講座派の日本経済に関する理解と同じである。講座派はこれを打破するためにはブルジョワ革命と社会主義革命の二段階革命論、そして後になって天皇制の廃止を主張するが、難波田などの国家主義派は逆に天皇制の維持と、家、郷土、国体という日本民族特有の制度を維持し、それを国家が強力に統制して、欧米に対抗せよと主張するのであった。特に企業については、資本家と労働者は対立せずに一体となって生産の増強に励むべし、と精神論を主張した。これらの主張は難波田によって一九三八（昭和一三）年から四一（昭和一七年）にかけて『国家と経済』の第四巻として出版された。日本開戦の頃の出版であり、右翼勢力から熱烈な支持のあったことは当然であった。

自由主義一派：
河合栄治郎（一八九一－一九四四）、大河内一男（一九〇五－八四）、安井琢磨（一九〇九－九五）

三大派閥のうち、自由主義派グループについては述べなかったので、ここでまとめておこう。イギリスに端を発した古典派経済学を好む一派であり、今でいう近代経済学派の起源である。東大ではマルクス派、国家主義派と対立していたことは既に述べたが、その代表が河合栄治郎であった。河合の人生については松井（二〇〇四）より知りえた。

若い頃から理想主義に燃えていた熱血漢で、東大を卒業後は官庁に入り労働問題に取り組み、労働者の待遇改善策を仕事にした。しかし反動化しつつあったときの政府はこの彼の主張を受け入れなかったので、河合は官庁を辞して東大に戻る。大学の卒業成績が良かった（成績最優者である銀時計組）ので、大学に戻れたのであった。

当時の日本の若い研究者の多くは海外留学できたので、河合もそうしたが多くの人がドイツに行ったのに対して、彼はイギリスを選んだ点に特徴がある。もともとの自由主義信奉からして当然の選択だったかもしれない。そこでアダム・スミス、ジョン・スチュアート・ミル、ジェレミー・ベンサム、トマス・ヒル・グリーンなどの哲学、経済学を学び、いよいよ自分の思想と経済学に確信を持って帰国したのである。

河合の真骨頂は学問的なこともさりながら、ファシズムやマルクシズムへの批判の声を学内外で強めたことにあった。時の政府は右傾化していたので当然のことながら、反ファシズムに満ちた著作は発禁処分を受けた。マルクス批判は時の政府は問題にしなかったが、学内外のマルクス経済学派と深刻な対立を生んだことも当然であった。そして学内対立の末に総長・平賀譲の裁定によって、河合は大内兵衛、土方成美とともに休職処分となったことは既に述べた。

河合は戦争中に五三歳という若い年代で死亡したので、戦後になって東大に復職することはなかった。多くのマルクス経済学者が復職したので東大経済学部はマルクス経済学の牙城になったのだが、もし河合が存命で東大に復職したなら、少しは東大にも近代経済学者が存在していただろう。「歴史にifはない」ので、これは筆者の独り言にすぎない。

一つの興味は、河合の処分に弟子がどう対応したのかである。河合には三羽烏と呼ばれた大河内一男、安井琢磨、木村健康という門下生がいたが、三名の対応の仕方は異なっていた。河合に殉じたのは木村だけである。大河内は辞表を出したが撤回したので、結局東大に残り、安井は東北大学に移っていった。木村が河合の後継者として東大に復職したので、近代経済学の本流になるべき人であった。しかし彼はそれほど研究業績がなく、かつ鼻っ柱の強い人ではなかったし、しかも後に教養学部に在籍したので、弟子を養成する立場にいなかった。さらに、東大で近代経済学の人を増やす人事策を強硬にとらなかった。

大河内は東大に残ったので自己保身に走ったとの批判があった。後には東大総長にまでなった。しかも専門が社会政策だったので、古典派・新古典経済学という近代経済学者を育てる立場にはなかった。東大で近代経済学が勢力を占めるようになるには一九七〇～八〇年代まで待たねばならなかった。そして現代ではそれが大主流となっている。

安井琢磨は東北大学に移ってから、分野でいうとミクロ経済学、あるいは価格理論の研究に没頭した。一般均衡論を完成させたワルラスの刺激を受けたし、価格理論をわかりやすい姿で解説したジョン・リチャード・ヒックスの *Value and Capital* を熊谷尚夫と訳したりして、日本の学界に大きな影響を与えた。特に均衡の持つ意味を独自に解釈したのは安井の貢献であった。

大塚久雄（一九〇七－九六）と宇野弘蔵（一八九七－一九七七）

昭和の前期、そして戦後の一時期を含めて、二人の経済学専攻者が輝いていた。それは大塚史学と称された大塚久雄と、宇野理論と称された宇野弘蔵である。どちらも東大卒業者で東大の教授であった。ただし宇野は一時期東北大にいたし、東大での所属は経済学部ではなく社会科学研究所であった。

大塚久雄の経済史はヨーロッパの資本主義の発達に関して、産業革命を経て工業化に成功する前に、商業や貨幣経済の発展がその前史として存在したことが大きい、という理解が一般的だったところに、大塚は農業地域にいた人が職人になって中小の工業を起こしたことを前史として理解すべきではないかと主張した。すなわち農村工業を中心にした中小規模の生産者層の独立自由な発展が、資本主義経済の前提条件であったとの主張である。

大胆に要約してみよう。経済理論家として有名なジョン・ヒックス（『経済史の理論』）によると、都市における商業と貨幣経済の発展は、例えば地中海地域において見られたのであり、それがヨーロッパにおける資本主義の発展に寄与したと理解してよい。一方でこれも有名なマックス・ウェーバー（『プロテスタンティズムと資本主義の精神』）による独立自営農民の発展がイギリス資本主義の発展を促した、とする主張に大塚はヒントを得て、彼独自の資本主義発達史を展開したのであった。主著は大塚（一九四四・一九五六）。

残念ながら大塚史学の大半は日本語だけの書物、論文なので、外国でどれほどの評価をうけたのか、筆者にはよくわからない。日本の経済学が輸入学問であるがゆえに、きっと大塚史学を外国に紹介する運動はなされているだろうが、大塚史学の独創性が世界で論じられなかったのであれば不幸なことである。輸入学問として半分は自虐的にしか見てこなかった日本の経済学も、もし大塚史学が世界に知れ渡れば見直さねばならないかもしれない。

マルクス経済学において異彩を放ったのは、宇野弘蔵である。宇野は経済学の研究を原理論、段階論、現状分析という三つの段階に区別することを主張した。すなわち、原理論はマルクスの

『資本論』が相当し、段階論ではウラジーミル・レーニンの『帝国主義論』が相当すると考えたので、宇野理論はマルクス経済学の一類型とみなされているのである。

日本の資本主義に関しては、前史としての農業が段階論の中でどのような地位を占めているかに注目すると、意外と日本の農業は既にかなりの程度発展していた、というのが宇野の理解であった。このように宇野を理解すると、明治時代に日本はブルジョワ革命を既に経験していると主張した労農派に近い学説とも解せる。東大のマルクス経済学者に労農派に人の多いのは、この宇野の影響もあったと推察できる。

宇野の学説は独創性を持っていたと判断できる。輸入学問の経済学という日本の特色を持っていたと判断できるので、輸入学問の経済学という日本の特色の例外として認識できるかもしれない。現に宇野は一九八〇年に英文で *Principle & Political Economy* をHarvester Pressから出版しているので、外国でも宇野経済学は知られてよい立場にあった。

この書物がどれほどの評価を得たのか、筆者には不明であるが、二〇世紀の後半では世界の経済学ではマルクス経済学の地位は低くなっていたので、一部の専門家を除いて大きな関心を宇野の英文書が招いたかどうか知りたいところである。宇野はかねがね「自分の経済学は社会主義イデオロギーとは無縁である」と述べていたので、宇野の英文書が彼の言葉通りに受け取られたのなら別であるが、一般に宇野理論はマルクス経済学の一学説と判断されがちだったので、どれだけの非マルクス経済学者が宇野の書物に接したかはわからない。

新古典派経済学の動向

昭和初期の日本の経済学は東大経済学部の三大派閥で象徴されるように、国家主義派、自由主義派、マルクス主義派、の三つがあったが、学問的には既に紹介したようにマルクス派がもっとも輝いた業績を示していたといっても過言ではない。自由主義派は非マルクス、具体的にはイギリス、そして少し遅れてのフランス、オーストリアなどの新古典派の経済学を勉強していた。そこでこの時期の新古典派経済学が日本でどのような仕事をしていたのかを概観しておこう。東大の河合栄治郎はさほど理論的な研究をしておらず、むしろ弟子の安井琢磨が引き継いでいたが、東北大学に移って行ったので、東大からは見るべき成果はなかった。むしろ東京商大と京大に輝く仕事をしていた研究者がいたのである。それは中山伊知郎(一八九九－一九八三)であり独自の活躍をしていた。なお、中山と東畑については美濃口・西沢(一九九九)が詳しい。

中山伊知郎は東京商大における福田徳三の高弟である。福田はドイツから帰国後はイギリス、オーストリア、フランスの新古典派経済学に熱中していたので、福田ゼミにおいて中山から「先生、何を勉強したらいいでしょうか」と問われると、クールノーを読めということだった。アントワーヌ・オーギュスタン・クールノーはフランス人で独占、寡占論で独自の価格理論を打ち出した人である。彼には『富の理論の数学的原理に関する研究』という数理経済学の先駆的著作があるが、なんと中山はこの書を若い年代のときに訳しているのである。ワルラスの一般均衡論は完全競争を仮定していたが、クールノーの均衡論は非完全競争の世界である。でも中山は均衡理論にのめり込んだのである。

ところで中山は若い世代（二〇代後半）にドイツのボン大学に留学した。恩師の福田に習ってのドイツ行きであるが、均衡理論に関心があるのならフランス語で書かれているワルラスやクールノーのフランス行きが自然かもしれないが、当時の留学先の第一希望は、やはりドイツであった伝統の影響なのであろう。中山はボンでジョゼフ・シュンペーターの薫陶を受けた。シュンペーターは当時のドイツやオーストリアでもっとも活躍していた経済学者で、『理論経済学の本質』や『経済発展の理論』などの大著があった。シュンペーターは経済発展、すなわち経済動学に関心があったのである。

中山はワルラス流の静学的な一般均衡理論と、シュンペーター流の動学的な成長理論とをうまく組み合わせた経済学を構築して、一九三三年に『純粋経済学』という書物を出版した。これは当時としては学界の最先端を行く内容を持っていたので、中山の名声は一挙に高まった。やや皮肉を言えば、世界の高度な経済学をうまく吸収して、中山独自の解釈をほどこしたものであるが、中山独自の理論で満ちていたのではない。でも経済学が輸入学問であり、しかも後進国の状態にあった日本なので、とても世界で注目を浴びる独創性の高い成果を期待するのは無理であった。それを達成したのは森嶋通夫、宇沢弘文、根岸隆といった一九五〇〜七〇年代の日本の経済学者の登場を待たねばならなかった。

　中山がボンに行ったときに、日本からは東畑精一が既に留学していた。二人はここでシュンペーターに共に師事したのであった。なぜ東畑のことを特記するかといえば、彼は大学では経済学部ではなく、東大農学部の農業経済出身であるということと、後になって日本で独特な経済学者として活躍する人になるからである。二人は盟友関係になり、師であるシュンペーターの書物、『経済発展の理論』『経済学史』『資本主義・社会主義・民主主義』『経済分析の歴史』といった大著を次々と翻訳したのである。シュンペーターはとにかく大経済学者であることに違いなし、経済学史上に名前の輝く人である。のちにアメリカのハーバード大学に移り、そこでまたポール・サミュエルソンなどの一流の経済学者を育てたのである。

　中山と東畑は戦後になって同じ道を歩んだ。すなわち学問研究に没頭して経済学の書物や論文の執筆に励むよりも、経済政策の立案に際して政府へのアドバイスを行ったり、当時の日本経済の解釈や進め方などに関して自説を展開して、経済政策へのコミットメントが大きくなった。具体的には政府の審議会の座長となって、経済政策のとりまとめを率先して行った。筆者にとって思い出深いのは、中山が労働問題を審議する中央労働委員会の会長として、経営側と労働側の激しい対立関係の中に入って、様々な労働問題の解決策をなんとか見出そうと努力していたことである。特に戦後の一九四六（昭和二一）年以降、日本は東芝争議、国鉄、三池炭鉱、近江絹糸など、様々な大争議の中にいたが、中山はその解決に貢献したのである。中山の恩師である福田徳三も出発点は労働問題と関係のある社会政策だったので、中山が学界人として中立の立場からの支援を求められたら、労働問題や労働争議の解決に取り組んだのは、師のことを想って当然の事だったかもしれない。

東畑はボンから帰国後に東大農学部の農業経済を担当することになったが、東畑も現実の農政問題にかなりコミットすることとなった。政府の農業問題に関する研究所の所長として研究プロジェクトの作成の責任者の役を果たしたし、各種審議会の会長として農政問題の解決にも貢献した。

中山と東畑の二人は、若い頃はボンでともに学び、帰国後は一橋大と東大というトップの大学で経済学と農業経済学の研究と教育に励み、かつ経済政策の立案と調停という日本経済の運営に関して指導的な役割を果たした経済学者だったので、共通項の多い二人であった。

西の京大にも中山や東畑に勝るとも劣らない非マルクス経済学者がいた。それは高田保馬、柴田敬、青山秀夫である。学問上の独創性という見方からすると、これらの人の貢献は重要であった。まずは、高田保馬である。元々は京都帝大で社会学を勉強しており、東京商大にも一時在籍したことがあり、徐々に経済学にも進出した。中山伊知郎などの影響を受けて、一般均衡理論の教えるところを信じつつも、社会学の知識を生かして、財の価格は市場参加者の力の強さ（すなわち勢力）で決まるという、後になって「勢力説」と呼ばれる理論を提唱した。それは高田による『勢力論』にまとめられている。具体的には、ミクロの経済学のみならず、資本主義や現代社会を理解する上で、政治的権力者、経済的富裕者、文科に優れた人などが、支配階級にあることを示したのである。

この社会学的な経済思想は、経済学が欧米で発展した中において、高田独自の発想に基づいたものなので、独創性が高いと評価されている。アメリカの経済学者で、日本について詳しいマーチン・ブロンフェンブレナーは、高田のことを「日本のアルフレッド・マーシャル」と呼んでいるほどである。ちなみにマーシャルとは、一〇〇年ほど前のイギリスの経済学者で新古典派経済学の中枢にいた人である。高田には国家主義的な色があったので、京都大学で職を失った経験があるが、戦後になって新設された大阪大学の法文学部に復職した。

柴田敬は特異な人である。京大では河上肇の下でマルクス主義に染まっていたが、年を経るとともに経済思想を変化させ、結局は皇国派経済学に近い立場になったことにより、例の高田保馬を含めた一群の京大粛正の中で戦後に京大を追われた。しかし彼は経済理論という分野においては、戦前にマルクスの理論とワルラス流一般均衡理論を融合させようとし、先に述べたように日本における最初の英文研究雑誌である*Kyoto University of Economic Review*に独創性の高い論文を掲載した。それがランゲというポーランドの一流経済学者の目に留まり、注目を浴びて一躍世界にその名が知られた、国際派の経済学者である。ランゲはマルクス経済学と非マルクス経済学の融合を企画していた人なので、柴田の研究に注目したのであった。不幸にして柴田は左に右にと経済思想を変化させたので、日本ではさほど省みられていない経済学者であるが、柴田（一九八七）の紹介文では「知る人ぞ知る経済学者」として書かれている。

最後は青山秀夫である、京大経済学部で高田保馬の下で育った生え抜きであり、最初から最後まで非マルクス経済学者であった。一般均衡理論を中心におきながら、独占理論などの研究をした。Negishi（2004）では、青山がエッジワースの「数理心理学」において示された考え方を応用して、独自の理論を主張したことは、賞賛されるべきと述べられている。青山のもう一つの顔は、京大で近代経済学者を育成した中心人物である。教え子に森嶋通夫、市村真一、建元正弘、馬場正雄といった日本で近代経済学の指導者となる人々がいる。

京大では戦後はマルクス経済学の牙域だったので、貴重な非マルクス学者であり、それを学びたい学生のほとんどが青山のところに殺到したのである。青山は一九六七（昭和四二）年に経済学部から新設の経済研究所に移った。それが契機となって、京大経済研究所は近代経済学の牙城に向かう。その後の京大では日本におけるマルクス経済学の退潮に呼応して、経済学部においてもマルクス学派は影が薄くなっていく。

戦時下の経済学者

太平洋戦争に突入する前の日本は軍国主義を強めており、日本は戦争に向けて時代は進んでいた。とはいえ経済学に関しては、東大の三派で象徴されるように国家主義派、自由主義派、マルクス主義派の三グループが存在し対立もしていた。軍国主義を支持する国家主義派とそれに反対するマルクス主義派が、どちらかといえば多数の勢力を誇り、中間にいる自由主義は少数派とみなせる勢力分布であった。

政治状況は英米との開戦やむなしの方向に進んでいたが、政府や軍部は内密に日本が戦争を戦えるだけの軍事力や経済力を保持しているかどうかを検証する機会を設けていた。それについて詳しい叙述が牧野（二〇一〇）になされているのでそれを検討してみよう。

陸軍と海軍は多くの経済学者を集めて、第一次世界大戦におけるドイツの経験、そして戦勝国のイギリス、フランスなどの軍事力と経済力の解析を行ったり、そして日本が英米と戦争する経済能力があるのかなどを研究していた。

興味があることは、それらの研究グループに集められた経済学者には、国家主義や自由主義の人がいたことは不思議ではないが、一部のマルクス経済学者も含まれていたのであった。牧野（二〇一〇）においてはそれらの中で、有沢広巳と名和統一《とういち》のことが詳しく紹介されている。同時に脇村義太郎や大河内一男などの名前がある。さらに若い頃はマルクス経済学を専攻しながらも、年を重ねると次弟に国家主義派に転向していった山本勝一のことが非常に詳しく論じられている。現代ではさほど語られることのない山本については省略し、むしろ今でも名の残っている有沢と名和の学説を検討しておこう。

不思議なのは反資本主義者であり、かつ反軍事国主義者であったと想像できるマルクス経済学者が、なぜ戦争突入の可能・不可能を検討する政府や軍部の経済学上の研究調査に加わるようになったかである。いろいろな仮説が考えられる。第一に、たとえ国家主義の政府や軍部の主催する研究であっても、自分の参加によって戦争を回避できるかもしれないという淡い期待があった。第二に、自分は経済学者という専門家なので、経済学の学識に期待されたなら、依頼主のことは不問にしてそれに応じるのは、プロフェッショナルな人としての義務と思った。第三に、例えば有沢のように戦時経済に関心のある経済学者は、日本軍の内情をよく知ることのできる機会ではないかと、自分の知識を深めるのに役立つと思った。特定の個人がどの動機で研究に参加したかは追求せず、ここで列挙した理由のいくつかによって説明できるであろう。

もっとも関心の寄せられるのは有沢広巳である。東大を休職になったマルクス主義者ではあるが、軍部は彼の学識を必要としたのである。第一次世界大戦後のドイツへの留学経験のある有沢は、ドイツを例とした戦争と経済の関係に格別の知識があるし、それほど強硬なマルクス理論を振りかざさず、むしろ産業の実態について詳しい有沢は重宝がられたのである。

第一次世界大戦のとき、ドイツは連合国側から経済封鎖を受けたが、その辛苦を短期間では耐え忍ぶことができたことを、有沢は評価していた。すなわち国防費の増加は軍事産業強化による有効需要を浮揚させるメリットがあり、民間需要の短期間な削減で乗り越えられるのである。しかしドイツではそれはあくまでも短期間に限定されるべきで、長期にそれが続いたので経済の破綻を招いたと判断していた。

ここで賢明な読者は、ケインズ経済学という非マルクス経済学の経済思想に相通じるところがあると気付かれるかもしれない。有効需要の増大は景気を良くする手段として効果がある、と第一次世界大戦と第二次世界大戦の間で、イギリスの経済学者ジョン・メイナード・ケインズは主張していた。最大に有効なケインズ的な有効需要政策は戦争を起こすことだ、という主張までされるようになったケインズ経済学であった。マルクス経済学者である有沢が、当時ケインズ経済学をどれほど知っていたかどうかは不明であるが、ケインズ経済学的な解釈を有沢がドイツの第一次世界大戦に関して行っていたことは興味深い。

日本の軍部は、有沢の短期間なら日本は戦時経済を乗り越えられるという説を信じて、無謀なアメリカとの開戦に踏み切ったのであろうか。すなわち短期でアメリカに勝利できる予想を立てて、真珠湾改撃に踏み切ったのであろうか。これに否定的な情報を与えるのが、別の政府・軍部による未公表の報告書がある。それは『英米合作経済抗戦力調査（其一）』や『抗戦力判断資料第五号』などが牧野（二〇一〇）によって紹介されている。英米の軍事力や経済力は日本のそれよりもかなり強いことが報告されており、軍部はそれを率直に認めたが、弱い日本を知られたくないために公表をストップした。現時点で評価しても、戦争前の日本と欧米諸国との間の軍事力・経済力の格差はとても大きいものであったと判断できるので、当時の経済学者による報告は正しいものであったのではないだろうか。

戦争前の日本は軍部の力がますます強くなっていた時代なので、経済学者を含めてなされた日本の軍事力・経済力の評価が軍部によって無視されたか、歪められたのは多分事実であろう。軍部は国策として戦争に走りたかったのであり、不幸な歴史であった。有沢のみならず、戦後になって近代経済学の中心になる中山伊知郎も、軍事力・経済力の評価プロジェクトに参加していた。戦後になって一時的にせよ、経済学者グループが日本の軍事力・経済力はアメリカに充分匹敵できると報告していたとの情報が明るくなったが、有沢や中山はそれを否定している。

名和の研究を一言述べておこう。マルクス主義講座派の人で国際貿易の分析をした人である。日本の鉄鋼業や造船業は英米のそれと比較するとはるかに遅れているし、日本が比較優位を持つ生糸を中心にした繊維工業でさえ輸出品としては弱く、石油を輸入できるに充分な資金を稼げないと主張していた。すなわち、名和の産業や貿易の見方をアメリカとの戦争に関係付けると、筆者の解釈は次のようになる。アメリカとの経済力の違いは明らかであるし、石油を輸入に頼らざるをえない日本が、アメリカによる石油禁輸を受ける可能性があるところに、アメリカとの開戦には無理があったのである。

有沢、中山、名和などの戦前、あるいは戦中の経済学者は軍事力、それに特に日本経済に関して正当な評価を行っていた。すなわち、日本の経済は欧米と戦争を行えるほどの実力を持ち合わせていなかった、との評価であった。それを無視するか歪んだ判断をした当時の政府・軍部の政策は間違いであったと判断される。

第5章 戦後から四半世紀ほど

近代経済学

戦後から三〇年ほどの間、日本の経済学界は近代経済学とマルクス経済学の併立と対立で象徴される。これまでも非マルクス経済学としての近代経済学という言葉を戦前において時折用いたが、ここで近代経済学という言葉を定義して、本格的に経済学の主要な一派として用いる。戦後になって初めて近代経済学という言葉が定着したのである。

では、戦前に近代経済学という言葉がどういう意味で用いられていたのかを簡単にレビューしておこう。歴史的に遡れば、一九二八（昭和三）年の改造社版『経済学全集』の第一巻『経済学大綱』において、なんとマルクス経済学者の河上肇が「近代経済学」という言葉を用いていると、牧野（二〇一〇）に指摘がある。「近代社会すなわち資本家的社会の法則を科学的研究の対象と名付けて、吾々はここに近代経済学といふ」という文章が河上によって書かれている。

河上の言いたいことは、後の時代にそうなるのであるが、別にマルクス経済学と非マルクス経済学を区別する意図はなく、資本家が中心になって運営する経済体制を研究する学問を近代経済学と考えたのである。ここでは、現代のことを研究する経済学を近代経済学と呼んだと解釈しておこう。

その後になって、既に紹介したように、マルクス経済学と古典派・新古典派の経済学の融合を目指したポーランドのオスカル・ランゲが、〝Marxian Economics and Modern Economics〟という論文を一九三六年に出版した。これは非マルクス経済学を現代（あるいは近代）経済学と称したと考えてよい。まったく同じ年の一九三六年に、ジョゼフ・シュンペーターが〝die modern Nationalökonomie〟という言葉を用いており、これも現代（あるいは近代）経済学とみなしてよい。

このようにヨーロッパにおいてマルクス経済学以外の経済学を現代（あるいは近代）経済学と呼んで、あえてマルクス経済学と強く対比させたのである。その姿が日本にも導入されるようになり、日本でもこの言葉が戦後になって定着するようになった。modernあるいはmoderneは現代と訳した方がベターであるが、日本では〝近代〟経済学がなぜか定着するようになった。

その定着の経緯を少し述べておこう。東京商大の福田徳三の高弟である杉本栄一は、マルクス経済学と近代経済学の違いを認識した上で、その両者を併存、融合させようとした人であるが、近代経済学の解釈に素晴らしい業績を上げた人でもある。一九四九（昭和二四）年に『近代経済学の基本性格』、翌年に『近代経済学の解明』を出版した。安井琢磨と共同でジョン・リチャード・

ヒックスのミクロ経済学の古典、『価値と資本』を訳した熊谷尚夫《ひさお》が、一九五六（昭和三一）年に名著『近代経済学』を出版した。そして同じ時期に岸本誠二郎・都留重人監修『講座・近代経済学批判』が出版され、近代経済学を体系的に批判する試みもなされたので、近代経済学が定着したことを意味していると理解できる。

個人的な感傷を述べることを許していただきたい。杉本栄一著『近代経済学の解明』は筆者が初めて読んだ経済学書であるし、なんとなく近代経済学の本質を理解できた好著であった。六〇年ほどを過ぎた今でも彼の解釈は魅力があるし、妥当すると思っている。熊谷尚夫は筆者の大阪大学大学院時代の恩師である。

このような経緯を経て日本では近代経済学は定着した。四つの特色を指摘しておこう。第一は、近代経済学はその分析範囲の対象として、自由主義経済（あるいは資本主義経済）の解明を主としている。方法としては消費者と企業の経済行動というミクロ経済学がまずあり、これはアダム・スミス、ディヴィッド・リカード、ジョン・スチュアート・ミル、レオン・ワルラス、ヴィルフレド・パレートなどを経た一般均衡論を念頭においた古典派・新古典派経済学の世界につながる。

第二に、一九三六（昭和一一）年に出版されたジョン・メイナード・ケインズの『一般理論』を契機にして成立した、いわゆるマクロ経済学がもう一つの大きな分析対象となった。特に戦後になって一国の所得、雇用、失業、物価、労働、貿易、金融などを扱うマクロ経済学が大きな発展を示した。今の近代経済学はこのマクロ経済学とミクロ経済学が二つの大きな柱になっている。ケインズ経済学の登場後、従来の近代経済学は新古典派経済学と呼ばれたこともあったが、近代経済学の中でもケインズ派と従来の自由主義派を強調する派を新古典派と呼ぶようになった。近代経済学派内におけるケインズ派と新古典派という対立を明確にしたものである。

第三に、近代経済学はマルクス経済学との対比で理解されるようになった。特に戦後の三〇〜四〇年ほどは両経済学の対比が日本では激しく、「マル経」対「近経」という縮小語で語られたのである。しかし時代が経過すると、ここ二〇〜三〇年は近代経済学という言葉が死語になったとまでは言わないが、単に経済学という言葉が近代経済学の代名詞になった感もある。

なぜこうなったのだろうか。それは対立関係にあったマルクス経済学の退潮が原因である。ベルリンの壁の崩壊に端を発する東ドイツの消滅、ソビエト・ロシアの消滅とロシアや東ヨーロッパにおける社会主義国の体制変化や自由主義化により、マルクス経済学は一部を除いて意義を失うこととなった。対立関係にある学派の存在意義が小さくなれば、「近代」という言葉を外して、経済学というだけで十分なのである。

第四に、欧米を中心にした資本主義国、あるいは自由主義国、市場経済主義の国々では、戦後になってマルクス経済学は急激に衰退して、ごく少数のマルクス経済学者しか存在しなくなった。そこで戦後の欧米では、あえて戦前のような近代経済学という言葉を用いてマルクス経済学と対立させる必要がなくなり、単に経済学という言葉だけで十分なのである。

逆に言えば戦後の三〇~四〇年ほどの日本の経済学は、西欧のように近代経済学者だけでなく、マルクス経済学が重要な地位を占めていたし、むしろ近代経済学者よりもマルクス経済学者の数の方が多いという、資本主義の国としては珍しいのが日本だったのである。なぜそうであったか、そして両派の対立の姿については、別の場所で論じる。

ケインズ経済学の登場

ケインズ派の経済学を少し説明したが、ここでそれをもう少し述べておこう。戦後の経済学は新古典派とマルクス派で代表されたといっても過言ではないが、第一次世界大戦と第二次世界大戦の間にケインズ経済学が登場した。ケインズ革命という言葉が用いられたほど、そのインパクトは大きかった。第二次世界大戦後はこの理論による経済政策がアメリカなどのいくつかの国で導入され、しかも成功したので、ますますケインズ経済学の地位は高まった。日本でもケインズ経済学は大きな役割を演じたので、ここで論じておこう。

まずは主人公のケインズ、この天才の人生を簡単にレビューしておこう。ケインズの伝記の古典はハロッド(一九五一)による『ケインズ伝』であるが、日本でも伊東光晴による『ケインズ―〝新しい経済学〟の誕生』(岩波新書、一九六二年)、が古い紹介であるが有名である。

ケインズは一八八三年に父・ジョン・ネヴィルと母・フローレンスの間で生まれる。彼の死亡は一九四六年なので、六三年の生涯である。父親はケンブリッジ大学の経済学者、母親もケンブリッジ市の市長を務めた人なので、教育水準の高い両親の下で知性に満ちた家庭に育った。本人の能力の高さと家庭教育の熱心さもあって、名門のパブリック・スクールであるイートン校を経て、ケンブリッジ大学のキングス・カレッジに入学する典型的な知的エリートとしての教育を受けた。

ケンブリッジ大学で数学を専攻していたケインズであったが、学生時代は勉強だけに注力したのではなく、政治にも関心を寄せて、様々な活動を行った。例えば「ザ・ソサエティ」というサークルでは代表まで務め、政治や経済の実践にもコミットしており、その後のケインズが学者だけにとどまらず、様々な経済問題に発言したり政策の立案にコミットしたりする姿は、もう若い頃からの才能の発露であった。

筆者が興味を覚えるのは、ケインズのケンブリッジでの師であるアルフレッド・マーシャルも数学を専攻していたのであり、経済学者になる道の一つの経緯は、若い頃に数学を勉強することにある、という事実である。実は現代の経済学者の中にも、若い頃に数学を勉強した人が多いのである。代表例として、アメリカ人のケネス・アロー（ノーベル経済学賞受賞）と日本人の宇沢弘文（文化勲章受章）だけをあげておこう。

ケインズは、数学の優秀卒業試験（トライポス）の成績が一二位とさほど芳しくなく、数学で身を立てることを諦めて、当時の就職先としてエリートが歩む公務員試験を受ける。この試験では第二位という優秀な成績で合格し、インド省に就職する。しかし二年間で退官して、キングス・カレッジのフェロー（研究員）となって学者の道を歩む。その後、キャリアの途中で大蔵省に移り、役人生活を送る。

大蔵省でも彼の能力は存分に発揮され国際金融の問題を担当し、最後は第一次世界大戦後のパリ講和会議の大蔵省首席代表を務めた。しかし、敗戦後のドイツに多額の賠償金を要求する戦勝国の態度に反対し、結局は大蔵省を辞任して、再びケンブリッジ大学に戻る。

彼の活躍は経済学の書物や論文を出版するのみならず、生命保険会社の社長、自由党の機関誌の編集長など、学問、評論、経営者、政府へのアドバイス、政治活動などの複数の仕事をこなすようになる。逆に言えば学者の終着駅である教授職にならず、ここで述べた様々なキャリアをこなしたのである。しかしイギリス最高の経済学術誌『エコノミック・ジャーナル』の編集長を務めたので、学問研究者としても頂点を極めた人である。私的ライフでは、ロシアのバレリーナであるリデイア・ロポコワと四二歳のときに結婚しており、華のある人生でもあった。天才肌のマルチタレントとはケインズのことをさす、といっても過言ではない。

晩年のケインズは、第二次大戦後の世界経済、とくに国際金融体制をどのようなものにするのか、という問題に実践家としてコミットする。具体的には戦後の国際金融制度を特色づけるＩＭＦ（国際通貨基金）体制をつくることに貢献した。

ケインズによるもっとも有名な書物は『雇用・利子および貨幣の一般理論』（*The General Theory*

of Employment, Interest and Money, 1936）である。ケインズの経済学はのちに追随者が多く出て、戦中・戦後の経済学界を支配した経済学となった。難解な書物として有名であるが、ケインジアン（ケインズ経済学の追随者のことをさす）の一人であるローレンス・クラインというアメリカ人の経済学者が、『ケインズ革命』という書物を出版しており、クラインの書物に接して初めてケインズ経済学を理解できたという人が多い。筆者の師である大阪大学の熊谷尚夫もクラインの本でケインズ経済学がわかったと述懐していたし、不肖の弟子である筆者もそうであった。

ケインズの革命性は様々な分野で見られたが、それらは経済学の教科書に譲り、ここでは筆者の考える重要な革命性だけを述べておこう。それは「有効需要の政策」あるいは「政府の役割重視」に凝縮される。

第一次世界大戦後のイギリス経済は不況に悩み、多数の失業者が世に出て、失業率は一〇％を超える深刻さであった。アーサー・ピグーなどで代表されるイギリスの新古典派経済学は、市場がうまく機能して価格や賃金が変動すれば、いずれ過剰労働は解消されるので、失業者の数は減少すると考えた。いわゆる市場放任による価格や賃金の伸縮性に任せておけばよい、という市場主義を信じる新古典派経済学の発想が優位にあった。

しかしケインズはこの見方に反旗を翻した。まず労働組合の存在によって賃金の下方硬直性があると判断した。そして財市場のマクロ的な総需要（家計消費、企業の設備投資、政府支出、輸出入差などの合計）が総供給を下回ったときに失業が発生するので、有効需要を増加すれば需給が一致して失業者は消えると主張した。これは不況が有効需要の不足によって発生するとの学説と言ってよい。

家計消費や企業投資、そして政府支出を増やすために、税制や政府支出、そして金利を変動させるためのいわゆるマクロ経済政策を発動する、というのがケインズ経済政策である。財政・金融政策を重視するので、必然的に政府の役割に期待するということになる。新古典派経済学は政府の経済政策に期待しなかったので、ケインズ経済学は政府の役割を重視した意味で、違いはまことに大きいのである。

それにマクロ経済の重視というのも、もう一つの大きなケインズ経済学の特色である。それは貯蓄と投資の一致するところで国の国民所得が決定する、というケインズ経済学の国民所得決定論という姿で、完結したのである。これはヒックスによる、IS・LMカーブの交差で国民所得と物価が決まるという説から導かれるのである。IS・LMカーブに関して一言その後の発展を述べると、マクロ経済学においてこのIS・LMカーブを否定して、新しい学説（最適消費論）によってマクロ経済学を理解する試みがある。これについては後に言及する。

日本におけるケインズ経済学の導入

ケインズの『一般理論』がイギリスで一九三六（昭和一一）年に出版されてすぐ、これまではヨーロッパより遅れていたアメリカで経済学が強くなりつつあったところ、若いアメリカでの経済学者を中心にして『一般理論』をむさぶるように読んでいたとの記述がある。クラインによる『ケインズ革命』の出版が一九四七（昭和二二）年であったが、アメリカには熱狂的なケインジアンが増加した。ケインズ経済学はアメリカで開花したともいえる。現実の政治の世界ではケインズ経済学がそれ以前に導入されていて、ルーズヴェルト大統領は株価大暴落に端を発した大不況を、ケインズ政策によって乗り越えようとしていた。この経緯については橘木（二〇一八）に詳しい。

日本ではどのような影響があったのだろうか。本書の目的からして、アメリカなどでの影響よりも日本での影響を詳しく知りたいものである。輸入学志向の強い日本の経済学を象徴すべく、『一般理論』は戦中の一九四一（昭和一六）年に塩野谷九十九《つくも》による翻訳が出版された。現代の日本であれば外国書の出版から一～二年後に日本語版の出るのは珍しいことではないが、当時の出版事情、輸送事情、そして戦時という非常時を考慮すれば、五年後の邦訳出版は迅速と言えるのではないだろうか。しかも九〇〇〇部の販売という注目度は日本でも高かったのである。

ところが早坂・正村（一九七四）におもしろい指摘がある。日本でケインズ経済学が移入された頃では、ケインズ革命の根幹は筆者の述べた有効需要の理論や国民所得決定論ではなく、むしろ貨幣需要における流動性選好説にある、との解釈がなされていた、とのことである。東京商大にいた貨幣論の専門家、鬼頭仁三郎などがそう解釈していた効果があったのだろう。

しかし戦後になってクラインの『ケインズ革命』などの著作に接する時代を迎え、貨幣論におけることよりも、国民所得決定論にケインズ革命の真髄があると、日本の経済学者も判断するようになったのである。

こうして日本でも戦後になってケインズ経済学は重要な学派として経済学界で議論されるようになったのである。乗数理論・加速度原理を利用したポール・サミュエルソンによる景気循環論、ヒックスの『景気循環論』がケインズ派の景気理論として日本でも人気を博したし、ケインズモデルを成長論に拡大したハロッド＝ドーマー成長論も日本で大いに論じられた。さらに景気対策としての金融・財政政策が政府によって現実に実行されるようになった日本経済であった。

ケインズの経済思想が既に戦争前の日本で応用されていたことが池尾（二〇〇六）によって指摘されている。高橋是清という経済政策担当者（日銀総裁や大蔵大臣の要職を経験した人である）が、財政赤字を容認した上で、政府支出を増加させて不況対策として景気拡大策を実行したのが、一九三一（昭和六）年頃であった。ケインズの『一般理論』の出版が一九三六（昭和一一）年であるから、高橋がケインズの学説を知っていたかといえば、多分知っていなかったであろうと、大内（一九六七）によって主張されている。

大内力《つとむ》という人は、かの東大でマルクス主義の旗頭であった大内兵衛の息子であり、父親の跡を継いで同じく東大教授になった。農業経済が専門のマルクス経済学者である。しかしケインズの経済思想は『一般理論』の出版前に、雑誌やパンフレットで既に書かれていたので、高橋がそれを読んでいた可能性も否定できない。

筆者は高橋が本当にケインズの説を知っていたかどうかの真偽よりも、ほぼ同じ時期にケインズの学説を現実の経済政策として実施してから後になってようやく彼の政策が実行されたが、日本ではケインズの学説が出た頃、あるいは少し以前にケインズ経済政策を実行していたのであり、高橋の独創的な思考に感嘆する次第である。確かに高橋は学者のように論理的に自説を学問として提唱していなかったのではないだろうか。

実はもう一人、ケインズ的な経済政策を採用しようとした政治家がいる。それは石橋湛山《たんざん》である。戦争直後の一九四六（昭和二一）年、大蔵大臣のときに、ケインズ的な財政赤字を覚悟の上で、不況の克服のために政府支出の拡大を主張したのである。この時期は既にケインズ経済学は日本でも定着していたので、石橋はケインズのことを知っていたし、自分のことをケインジアンと呼んでいるほどであった。従って、先の高橋是清ほどの独自性はない。もっともこの時期は日本が猛烈なインフレーションに悩んでいた時期（今で言えばスタグフレーション）なので、石橋の考えた政府支出拡大策はインフレを助長した可能性があった。石橋は戦後に公職追放に合っており、現実の政策ではインフレ退治のための「ドッジライン」の導入でなされたのであった。

官庁エコノミストの活躍

マクロ経済学が経済政策の中心になったことにより、政府がケインズ政策を中心に考えるようになった。経済企画庁は毎年に『経済白書』を公表して、日本経済の現状分析と政策課題を世に問うようになった。第一回は後に出てくる都留重人執筆によるものであった。経済企画庁（現・総務省）を筆頭にして、大蔵省（現・財務省）、通産省（現・経済産業省）などから、経済政策や経済問題に関して、積極的に発言する人が続々登場してきた。何人かの名前を挙げれば、下村治、大来佐武郎、金森久雄、香西泰《ゆたか》、岩田一政などである。

ここではケインズの主張というか、ハロッド＝ドーマーに代表されるポスト・ケインジアンの成長理論を積極的に援用して、日本を高度成長に向かわせようとした下村治を取り上げよう。下村は大学に属した人ではなく、大蔵省（現・財務省）のキャリア官僚であったが病弱だったので、昇進競争の激しい部署で出世を目指した役人ではなく、むしろ経済学の勉強に励んで、日本経済の分析と提言を行うという傍流の人であった。

ここで簡単にハロッド＝ドーマー成長論を学んでおこう。この成長論は$g = s/k = sv$という式で表現される。ここでgは国民所得の成長率（$\Delta y/y$）、sは貯蓄率（S/Y）、kは資本係数（K/Y）、vはその逆数で産出係数（Y/K）とも称される。この式の意味するところは、経済成長率は貯蓄率の高いとき、資本係数の低いとき、産出係数の高いときに高くなる、という点にある。貯蓄率を一定にすると、生産量に必要な資本量の少ないとき、あるいは資本量が生み出す産出量の大きいときに、経済成長率が高くなるのである。逆にvやkが一定だと、貯蓄率の高い（すなわち投資率が高い）ことと、産出係数の高いことを理由にし、日本の経済成長率は高くなるだろうと予想した。その予想（九〜一〇％）は見事に的中して、下村理論は日本の高度成長を説明するものとして、とても有意義だったことが確認されたのである。下村は経済学を勉強する時間があったので、当然のごとくハロッド＝ドーマー理論は熟知していた。なお下村説は池田勇人内閣の有名な「所得倍増計画」の理論的な柱になったことは皆の知るところである。

もとより下村説には種々の批判、例えば近代経済学からは一橋大の篠原三代平《みよへい》、マルクス経済学からの有沢広巳、大内力などの批判はあった。例えば、労働力不足の危機、国際収支赤字の壁、インフレーションのリスク、などが提唱されて、成長を阻害する可能性が指摘された。すなわち、好景気が永久に継続したことはなく、不景気の到来がありうるとの批判であった。しかしこれらの批判は当たらずに不況は発生せず、全体的にはかなりの長期間にわたって下村説は妥当したのである。むしろここで列挙した批判者の主張は、一九七〇年代後半からの経済成長率鈍化の理由になったと理解した方がよい。

官庁エコノミストの代表として下村治を論じたが、これらの人は日本の政府の主張に肩入れするのが普通なので、多くの人は強気の成長論者である。例えば強気の論者として金森久雄などがいる。政府の方針に反対するのは政府の政策への異議の主張となり、役人でいる限り苦しい立場におかれることになる。出世をあきらめねばならないかもしれない。もっとも地味な研究を望む人は、役所内での出世には関心がなかった可能性が高く、自己の経済学の確立に生きがいを感じていたとも言える。

実は日本にはエコノミストと称される人に三種類がいる。第一は既に述べた官庁エコノミスト、第二は民間企業や金融機関に所属して、経済評論や経済予測を積極的に行う人、さらにマスコミ関係者もこれに入る。第三は大学で経済学の研究と教育を行っている人、の三者である。このグループにはマルクス経済学の人と近代経済学の人がいるが、第一と第二のグループにはマルキストはごく少数である。第三グループの人には学問的に高い業績を上げる期待があるので、経済政策や経済評論に弱い人が多い。現実の経済をよく知らないので、それらをやれば的外れの主張をすることが多い。逆に、第一と第二のグループに対しては、経済理論あるいは学問的な裏付けに乏しいので、政策論議が表面的すぎるとの声がある。

この三種類のエコノミストの存在は、日本の経済学、あるいは経済政策の策定において複雑な状況を生んでいる。例えば、大学の経済学者は現実の経済の動きを無視して、役に立たない経済学の書物や論文（特に後に説明するが、読むのに困難な高度な数学を用いた論文など）を書いているとの批判、マルクス経済学の人は思想的にドクマにとらわれているとの批判、第一と第二のグループに対しては、学問的に強固な背景のない低級な政策論議や経済評論しか行っていないとの批判、などが交錯している。

日本以外に眼を向ければ、例えばイギリスのケインズ、アメリカのサミュエルソン、ミルトン・フリードマン、ジョセフ・スティグリッツなどの例で示されるように、第一級の学問業績を示した人（ケインズはノーベル経済学賞のなかった時代の人だが、それ以外はノーベル賞の受賞者である）

が影響力のある経済政策の提唱や経済評論を行っている。もっともこれらのアメリカ人経済学者は、若い頃は学術論文と著書の執筆に励んで学者としての名声を得たのであり、その名声があるからこそ経済政策への提言や経済評論を外部からの求めに応じたのである。若い頃は学術研究に特化し、中年・高年になって政策・評論に移っていった人が多い。

日本では、まだ三つのグループがお互いを無視しながら仕事をしている傾向があるが、徐々にではあるがお互いに相手を意識しながら仕事をする方向に向かっているので、好ましい傾向にある。

マクロ経済計量モデル

ケインズのマクロ経済学はヒックスによるISカーブによって理解が深まったし、一方でクライン（一九五〇）によるケインズ型マクロ経済モデルの定式化もケインズ経済学を普及させるのに役立った。特にクラインはこのケインズ型マクロ経済モデルを、統計資料を当てはめてマクロ計量モデルを開発する仕事に取り組んだ。方程式が何本（消費関数、投資関数、貨幣需要関数、フィリップスカーブ型の失業や物価の決定式、など）かを連立方程式として定式化し、そのパラメーターを推計する作業をアメリカ経済について始めたのである。

時も折、統計学ないし計量経済学の分野で、連立方程式体系のパラメーターを推計する手法が開発されつつあったし、コンピューターの性能が高まったことなどが重なり、マクロ計量モデルによる実証研究が一気に開花したのである。アメリカのみならず他の国においてもマクロ計量モデルによる実証分析が普及したし、日本においても例外ではなく、むしろ日本ではこの研究分野が非常に盛んになった。

日本でなぜ人気を博したかといえば、官庁がマクロ計量モデルを開発して、経済政策の評価や経済予測の手段として重宝するようになったことが大きい。日本政府の経済計画策定の担当であった経済企画庁が特に熱心であった。他にも通産省や日銀、民間のシンクタンクなどもモデルの開発を進めた。大学に属する経済学者の中にもモデル開発に参入する人が出てきた。いくつかの例を述べておこう。

東京経済研究センターの内田忠夫・渡部経彦モデル、阪大社研モデルと称される市村真一・小泉進・建元正弘などのモデル、名大の上野裕也モデル、ICUの福地崇生モデル、京大の森口親《ちか》司《し》モデルといった計量モデルが、一九六〇年前後とその後に相次いで発表されたのである。正にこの時代はマクロ計量経済モデルの全盛期であり、各モデルはその質の高さや予測能力を巡って火花を散らす競争の世界にいたのである。

一九七〇年代になると一国経済のマクロ計量モデルだけでなく、各国のモデルを統合して、世界経済計量モデルを中心にした「ＬＩＮＫモデル」がある。これは既に述べたクラインの主導でなされた。日本でも経済企画庁において天野明弘を中心にして世界経済モデルが開発された。

一九九〇年代に入ると、マクロ計量モデルの開発や分析が下火を迎えるようになった。その理由はいくつかある。第一に、ケインズ経済学自体が現実の経済を解明するのに、それほど役立つ理論ではない、と認識されるようになった。具体的には、マネタリズムや合理的期待形成学派といった新古典派経済学の再復活、あるいはリアルビジネスサイクル理論の登場である。これはケインズ型経済政策（例えば有効需要政策や社会保障政策など）の有効性に疑問が出る時代になったことも含んでいる。

第二に、高額な資金と多数の人員を投じても、それに見合う成果がマクロ計量モデルから得られないと、官庁エコノミストや大学の経済学者が認識するようになった。さらに、学問の分野には盛衰があるのはどの学問でも同じで、ルーティーン仕事になってしまったマクロ計量モデルの分析よりも、別の新しい分野の仕事に興味を示す経済学者が出るようになった事情もある。

世界にはばたく日本の数理経済学者

近代経済学の中でも現実の経済動向を分析するケインズ経済学、あるいはマクロ経済学のことを書いてきたが、日本ではミクロ経済学が戦後になって活発な分析のなされる時代となった。特に、一般均衡理論を中心にした分析が均衡解の存在や安定条件を巡って世界中の経済学の関心を呼び、この分野での日本の経済学者の貢献が目立つようになった。一九五〇〜七〇年代にかけてである。

日本の経済学は輸入学問の域を出ていなかった、というのが戦前、そして戦後になってのしばらくの間の認識であったが、この時期になって日本の経済学者が英語で一流学術誌に論文を発表するようになり、輸入学問という理解を打破できるようになったのである。代表的な経済学者として、森嶋通夫、宇沢弘文、根岸隆などの名前がある。これらの人は俗にいう数理経済学者であるが、計量経済学の理論家として雨宮健（一九三五－）の名前も国際的に活躍した人である。ここから叙述する経済学者や経済学は筆者が修業と研究をしてきた時代を共有するので、かなりの知識がある。そこでよく知っていることでもあるので、参考文献を詳しく挙げずに書くことにする。

ワルラスやパレードで一応の完成を見た一般均衡論は、財の数量と価格がそれぞれの市場における需要と供給の一致するところで決定する、と主張したものである。そこでは財の数量とその価格を決定するに際して、方程式の数と未知数の数が一致するという連立一次方程式を想定して、この条件の下で解が存在するだろうとみなしていたのである。無数の財が実際の経済には存在するが、有限の財を考慮した方が計算はやりやすかった。ところが財の価格は常に正の値（正確には非負）をとるのであるが、この連立一次方程式が果たして正の価格を生み出す保証はあるのか、さらに、価格が動いたときに需給の調整を通じて一定の値に価格が収束するのか（これを安定と呼ぶ）、といった関心が数学に興味のある経済学者によって抱かれた。これを解の存在条件と安定条件と称するが、これらの問題に日本人が大々的に貢献したのである。

これらを言及する前に、日本ではどういう過程を経て一般均衡論が導入され、かつ経済学者が分析を始めたのかを知っておこう。それに関しては池尾（二〇〇六）に有用な紹介があり、四つのルートがあったと示されている。

第一は、東京商大の福田徳三が一般均衡論に興味を抱き、弟子の中山伊知郎、手塚寿郎《じゅろう》、大塚金之介などに、ワルラスやクールノーを勉強するように指示している。数学の不得意な福田は数学の得意なこれら三人に期待したのである。手塚はワルラスを訳して『純粋経済学要論』を出版した。中山は既に述べたように近代経済学の世界で大物となる。

第二は、チェコのアルフレッド・アモンが一九二六〜二九年に東大で講義を行っており、後に一般均衡論で大家となる安井琢磨などがそれを聴講していた。安井はこの講義から一般均衡論を学ぶには数学をも勉強する必要性のあることを知ったとされる。

第三は、シュンペーターが戦前の一九三一（昭和六）年の一月に日本に来たとき、日本の経済学者に多大の影響を与えた。特にワルラスの重要性を若き学徒に説いたので、それに心酔した人がかなりいた。

第四は、京大の高田保馬が一般均衡論を用いたグスタフ・カッセルの『社会経済学要論』を講義の教科書を用いた。そのときに柴田敬が学生でいたことが知られているし、青山秀夫もいたと想像される。青山の弟子である森嶋通夫、それに京大数学科の園正造までが一般均衡論に参入する事情が京大にあったことがここで想像できる。園は高田保馬と懇意で、一九四〇年代の前半では経済学部で数理経済学の講義を行っていた、というから驚きである。

京大の数学者・園正造に関してのついでとして、東北大学の数学者である藤原松三郎も重要である。代数学の専門である藤原は二〇世紀初期の人であるが、彼の『代数学』によってフロベニウスの定理を知ったと森嶋の記述がある。これは均衡解の正値解（モノの価格は負値をとらない）に役立つ定理である。東北大学に関してはもう一人の数学者・角谷静夫が卒業生として見逃せない。後にアメリカのエール大学教授にまでなる人であるが、ライツェン・ブラウアーの「不動点定理」を一般化した彼の「不動点定理」は、後に述べる解の存在定理の証明に用いられたのである。

一般均衡解の存在については、有名なケネス・アローとジェラルド・デブリューによる論文、“Existence of an equilibrium for a competitive economy”というのが数理経済学の一流学術誌である*Econometrica*に一九五四年に出版された。この二人はともにノーベル経済学賞を受賞したので、質の高い業績を上げたのでよく知られた人であるし、この論文は特に有名なものである。

日本人の経済学を論じるとき、一九五〇～六〇年代は論文を発表するに際して、日本人は多少不利であったことを述べておこう。日本人が国際的に無名な人ばかりだったことが響いて、学術誌への投稿がなされたときに、編集者がどういう扱いをしたのかを、二階堂副包《ふくかね》を例にして詳しく紹介したのが、池尾（二〇〇六）に記されている。二階堂は“On the classical multilateral exchange problem”と題された一般均衡解の存在を証明した論文を先ほどの高級学術誌*Econometrica*に投稿した。するとレフェリーのコメントとエディターの決定文が著者の二階堂に送られてきた。

その概略は次のようなものであった。二階堂の証明は正しいし、出版可能な価値ある評価にあるが、既にアローとデブリューの論文でそのことが証明されているので、*Econometrica* には掲載不可という返事だったのである。両論文の証明方法は微妙に異なるが、基本的に同じとみなせるので掲載はできないが、*Metroeconomica* という学術誌に送ったらどうかという提案がなされていたのである。*Metoroeconomica* という学術誌はイタリアで出版されているが、*Econometrica* ほどの権威はない。二階堂はそれに応じてそこで出版したのである。

アローとデブリューの論文がはるかに脚光を浴びたし、彼たちはこの論文だけでなく他にもいい仕事をしたので、ノーベル賞までたどりついた。二階堂はアローとデブリューとは独立に、第一級の仕事をしたけれど、出版した学術誌がマイナーだったので、不利を蒙ったのである。しかし後になって、アロー・デブリューと二階堂は独立にこの仕事をしたことが学界で明らかになり、二階堂の名声は高まったのである。とはいえ、当時の日本の経済学は世界の中ではほぼ無視されていたので、不利な扱いは仕方のないことでもあった。

この件を知るにつけ、次の四つの思いが頭をよぎる。第一は、学問の競争は厳しく、誰がどこにいつ最初に学術成果を発表するのかが、非常に大切なことである。だからこそ、研究は秘密裏にされることが多いし、研究後は発表を急ぐときが多い。ときには名誉を求めて、剽窃や捏造が発生する素地がある。

第二に、経済学に特有な問題がある。それはアロー、デブリュー、二階堂、森嶋などは理論研究なので、世界中の経済学者が関心を持つ。学術誌の編集者の第一関心は、投稿論文の質の高さである。ところが経済学の論文には理論研究ではなく、特定の国の（例えば、日本、アメリカ、セネガル等々）の経済事情を分析した実証分析をしたものもある。もしセネガルの実証研究論文を掲載したいと思っても、たとえ質の高さはあったとしても、アメリカの学術誌であれば読者がいないという理由でもって掲載不可の可能性が高い。これは筆者自身も体験したことで、日本経済の実証研究をアメリカの学術誌に投稿したら、読者がいないという理由で掲載を拒絶された経験がある。もっとも分析方法が格別に革新的であれば出版の可能性はあったであろう。

第三に、本書で縷々述べたように、経済学には種々の経済思想、学脈が存在する。代表的にはマルクス経済学と近代経済学であるし、他にもいろいろな学脈がある。学術誌によっては対立する経済思想で書かれた論文に関心を示さず、審査もせずに拒絶することがある。少数の支持者しかいない経済学脈の人からすると、多数派の横暴があるとの声がある。

第四に、国際学術誌の多くは英文で出版される。非英語圏の人はうまい英語が書けないので、審査にとって不利になることがある。日本人の経済学者が一九五〇～六〇年代になぜ数理経済学と計量経済学の分野で世界的な業績を上げるようになったかといえば、数学や統計学を用いた論文は英語でも書きやすい、という事情は無視できない。

森嶋通夫（一九二三－二〇〇四）

ここで日本を代表した経済学者の三人を紹介しよう。森嶋通夫・宇沢弘文・根岸隆の三名はEconometric Society（世界の計量経済学会）の会長をしたこともあるので、世界的な学者である。

森嶋通夫は京大経済学部で学んだ。旧制高校の頃は夏目漱石の高等遊民に憧れて文学や哲学を専攻するつもりであったが、父親の「文学では食えない」という意見に従い、渋々経済学部に進んだ。京大では高田保馬、青山秀夫などに近代経済学を学ぶ。持ち前の才能と勉強熱心なことにより、若い頃から優れた論文を発表する。

森嶋の性格を物語る逸話を述べておこう。学生時代や太平洋戦争に徴兵されて九州にいたとき、ヒックスの『価値と資本』（*Value and Capital*）を何度も読んで、書物が書き込みで真っ黒になるほどであった。価格理論の古典であるが、とくにその数学付録（アペンディックス）が有名である。森嶋は口癖のように「アペンディックス、アペンディックス」とつぶやいていたほどの好みであった。筆者が阪大の大学院生だったころも、「ヒックスのアペンディックスは二〇回以上も復習せねばならない」と説いていた。

いろいろな要因があって森嶋は京大に残ることを嫌い、新設の大阪大学法経学部に移ることになる。後に阪大の経済学部と社会経済研究所は森嶋を迎えたことにより多数の優秀な人が集まって、「近代経済学のメッカ」と称されるほどに、日本を代表する経済学の中心地となる。

森嶋の業績は、一般均衡理論を数学的に精緻化して、解の存在や安定条件などで世界の経済学界に登場した。フォン・ノイマンモデルを用いた経済成長論において新しい考え方を提唱した。彼独自の性格の強さから阪大にいることも困難となり、一九六八年にイギリスに渡って、名門のLSE（ロンドン・スクール・オブ・エコノミックス）で教授職を得た。リカード、マルクス、ワルラスなどを経済学史の立場から再評価する仕事もした。経済学者として第一級の研究を発表した。

森嶋は経済学者としての研究のみならず、一般的な啓蒙書を人生の後半になって出版し始めた。例えば、『イギリスと日本』『なぜ日本は「成功」したのか？』などを代表にして、さらに自伝的な書物も数冊出版している。森嶋の若いころは、学問をせずに経済的な評論をする学者について、筆者たち大学院生を前にして強烈に批判していたが、後になって自分自身もそれをやり始めたのであり、やや意外な思いがある。

しかしながら、人間年をとれば純学問的な能力は低下するし、その時代の社会・経済をもっとよくしたいという希望も高まるのであるから、人生の後半期に森嶋が評論的な仕事を始めたことは、やむをえないと判断している。既に述べたように、アメリカでもサミュエルソン、フリードマン、スティグリッツなどは年を重ねた後に、経済政策や評論の世界に入ったのである。

宇沢弘文（一九二八－二〇一四）

宇沢弘文は東大数学科で学んでから、戦後の日本経済が貧困にある姿を悲しんで、なんとか経済を強くしたいという思いから、経済学に転向する。数学の出来が悪かったからではなく、数学科の特別研究生になったことから判断されるように、真に経済学に関心を移したのである。

宇沢は若い頃に一つの論文を書いて、それをケネス・アローという当時の有力な経済学者に送る。その論文がアローに認められて、スタンフォード大学に留学する。その後続々と第一級の論文を発表して、数理経済学者としての名声が高まる。ついには経済学での名門であるシカゴ大学の教授に三六歳の若さで就任する。専門的な論文としては、線型計画や非線型計画における諸問題、最適成長論や二部門成長論などによって名声を博した。二部門成長論とは、一国の経済を消費財部門と投資財部門に区別して、成長経済が安定に向かうかどうかを、数学的に証明したのである。

しかし、一九六八年にシカゴ大学を辞して東大経済学部に助教授として戻る。宇沢ほどの有名な経済学者が教授ではなくなぜ助教授か、というのは当時世界の経済学界で話題になったほどである。当時の日本の大学では年功序列制が厳格だったので、まだ教授になる年齢に達していなかったというのが理由である。宇沢がアメリカを去った理由の一つとして、当時のアメリカがベトナム戦争にコミットしていたことに抗するところがあった。

日本に戻ってからの宇沢の研究方向に変化が生じた。すなわち、ジョーン・ロビンソンを中心とする反新古典派ないしケンブリッジ学派の経済思想に傾倒していった。いわゆる新古典派の経済学に立脚した理論分析は捨てて、当時の日本で社会問題となっていた公害などによる環境問題に関心を寄せて、自動車を批判したりして環境運動の先端に立つようになった。あるいは水俣病問題や成田国際空港の建設問題などにおいて、反対運動にも自身がコミットするようになった。

新古典派経済学者の旗手として有名となった宇沢が、今度は新古典派の考えそうな政策に対して反対運動を展開するのは、新古典派分析での業績を出したことによる有名さを背景にした背信行為ではないか、という批判もなくはなかった。

しかし、宇沢はアメリカにいるときからベトナム戦争などに反対しており、リベラル派の思想をもっていたことは確実なので、思想の転換ではないと思う。むしろ日本に帰国してからあまりにも日本の現状が悲惨なことに接して、真剣に日本を変えねばならない、という気持ちになったのであろう。

日本ではたしかに英文で数理経済学の論文を書くことはなくなったが、経済学では「社会的共通資本」という概念を提唱して、環境、医療、教育などの公共財の分野において、これらの充実を説いた。すなわち、国民一人ひとりがこれらの諸サービスを満足に受けられるような社会にする必要がある、と積極的に主張したのである。

教育の現場においても、生活の送り方においても、宇沢は普通の人とは異なるユニークさを示している。例えば、短パンをはいて新幹線を歩くこともあり、新幹線を降りてから阪大までマラソンで駆け付けたこともある。東大の経済学部での教育では、自分の思想に共鳴しない学生がいるとその学生を排除することもあった。

それゆえ、宇沢ゼミの学生がゼロになることがあった。良くも悪くも好き嫌いが激しいところがある。この強い性格は森嶋も保持していたことなので、第一級の学者のもつ性格的な宿命かもしれない。

根岸隆（一九三三－）

根岸隆は東大経済学部で学んだ人であり、教授としても東大でずっと研究・教育をした人である。根岸の人生と研究については自伝である根岸（二〇一一）から知りえた。学生時代に安井琢磨や古谷弘の下で一般均衡理論を勉強し、解の存在や安定問題に関して大学院の修士時代に既に独創性のある論文を書いた秀才である。本人は数学の出来が悪かったから自然科学を専攻せず、経済学を専攻したと謙遜しているがなかなかどうして、数理経済学の専門家になれたのである。

これも宇沢と同様に英語の論文をスタンフォード大学のアローに送ると、アローが気に入ってすぐにアメリカに招待された。その論文は数理計画法の考えを応用して、均衡解が計算可能な世界にいることを示したものである。そしてそれが国民にとって厚生を最大にすることにつながると証明したのである。根岸の研究は完全競争の経済のみならず、独占的競争の経済における均衡の存在と安定の問題に関しても優れた仕事をした。研究書として有名なのは根岸（一九六五）がある。

中年になってからの根岸は国際貿易論に関心を向けて、一般均衡論の立場から国際貿易を理論的に分析する仕事をした。昔から経済学はリカードから始まって自由貿易が望ましいと主張する人が多かったが、例外として幼稚産業保護を目的とする保護貿易政策は容認されていた。しかし一九六〇、七〇年代に幼稚産業保護も好ましくないとの主張が国際経済学の専門家から出されるようになった。これに対して根岸は幼稚産業保護論の正当性を理論的に証明したのである。

高年になってからの根岸は経済学史に関心を拡げて、経済学史で有名な経済学の定理を厳密に証明するという仕事を行った。さらに経済学がどのような経済思想を生みながら歴史的に発展してきたかを、根岸流の解釈に基づいて経済学史を再構築する仕事に取り組んだ。

このように述べてくると、改めて根岸は学問一辺倒の経済学者だったのであり、学者の鏡と言っていいほど純粋に学問に捧げた人であった。既に述べた森嶋通夫や宇沢弘文は根岸と同様に優れた学問的な業績を上げたが、中・高年になってから経済政策論で発言したり、マスコミへの登場、あるいは宇沢のように政治活動を行うこともあった。これら森嶋や宇沢の活動は世の中を良くしたいとの希望から生まれた動機なので、学者にあるまじき行動とは言えない。人の生き方は自由なので、根岸の生き方がいいのか、それとも森嶋や宇沢の生き方がいいのか、決着をつけるべき話題ではない。確実に言えることは、森嶋、宇沢、根岸とも第一級の経済学者であったし、日本における最初の国際的に知名度の高い経済学者だったのである。

ケインズ以外の近代経済学

ケインズ経済学の登場はマクロ経済学の地位を高めたが、マクロ経済学以外でも近代経済学におけるいろいろな分野が研究されるようになった。そのことをここでごく簡単に述べておこう。

第一は、産業連関分析、線型計画法、ゲーム理論という分野である。筆者の学生時代にはこれらの分野は既に学界で定着した分野なので、大いに勉強した記憶がある。産業連関分析はロシアのワシリー・レオンティオフによって戦前から戦後にかけて開発されていた手法である。産業間の経済取引の量を行列で表示するので、数学分析が可能であるし、政府が統計表として産業連関表の作成に取り組んだ。それらの表を用いて、国が将来にどのような産業構造を持つかが推定可能となった。日本でも政府によって産業連関表が作成され、経済分析のツールとして利用されるようになった。官庁エコノミストが中心になり、大学の研究者も協力して、種々の研究業績が日本でも出るようになった。そのピークは一九六〇~八〇年代であった。現代ではそれほど大々的に分析されていない。

線型計画法は一九四〇年代後半にアメリカ空軍における戦術の一つとして開発された数理計画技術の一つである。企業や一国経済の分析に応用されるようになり、戦後の一時期脚光を浴びた。現代ではさほど用いられていない手法であるが、経済学の分野に対しては、線型計画におけるシャドー・プライスの概念を提供したので、価格理論では現在でもその価値は損なわれていない。

ゲーム理論は数学の天才であるジョン・フォン・ノイマンによって開発され、ノイマンとオスカー・モルゲンシュテルンによる一九四四年出版の『ゲーム理論と経済行動』によって一般に普及した。高級数字を用いるので、非数学的な経済学者にとっては無縁な分析手法であったが、数学に強い経済学者にとっては魅力の手法となった。人々の経済行動は取引の相手がどういう手段で出てくるかを予想しながら、自己の行動を決めるのであり、その取引の成果がどういうものになるかを分析するのがゲーム理論である。行動が協調的であるか、非協調的であるかによって結果の成果に差が出る。前者は協調ゲーム、後者は非協調ゲームと称される。

このゲーム理論は世に出てからしばらくはそれほど発展はなかったが、一九六〇〜七〇年代あたりからかなりの数の世界の経済学者が関心を寄せるようになった。日本でもその影響により、八〇〜九〇年代になって人気を博し、今でも分析手法の中心にある。東大の経済学部の教授で有名な小宮隆太郎が、「東大ではほとんどの人がゲーム、ゲームという言葉を用いている」と嘆いたほどの人気であった。

産業連関分析、線型計画法、ゲーム理論の三つの新しい分析手法のうち、現代でも輝きを失っていない手法はゲーム理論である。残念なことはこの三つの手法がともに、外国からの輸入手法だったことにある。経済学全体が輸入学問なので仕方のないことかもしれない。いずれ日本から新しい分析手法が出現する時代の到来に期待したい。

一九六〇～七〇年代に日本の経済学者が世界の学術誌に花々しく登場した分野がある。それは宇沢弘文のところで述べた「二部門成長論」である。経済を資本財生産部門と消費財生産部門に区分して、経済成長の経路を分析する分野である。宇沢のみならず、新開陽一、天野明弘、高山晟などの名前が英文論文で続々と現れた姿を、若い頃の筆者は欧米の学術誌で認識して大いに誇りに思った記憶がある。特に大学院生になったときに英文学術誌に初めて接するのであるが、二部門成長モデルを中心にして日本の経済学者の名前が続々登場している姿を見ることができたのは、日本の近代経済学の夜明けを感じさせるものがあった。若い我々大学院生にもそれに続けという刺激を与える効果があった。

戦後のマルクス経済学

戦争直前、あるいは戦中のマルクス経済学者はかなりの数が逮捕されて、大学を追われるか著作をすることもままならない状態にいた。しかし敗戦を迎えた日本は自由主義、民主主義の時代となり、学問の自由が保障されたので、追放された数多くの左翼のマルクス経済学者、そして少数の自由主義派の経済学者が大学に戻ってきた。

東大を例にすれば、戻ってきたのは大内兵衛、矢内原忠雄、山田盛太郎、有沢広巳、脇村義太郎、土屋喬雄、木村健康の七名であった。自由主義の木村以外は全員がマルクス主義派ないしそのシンパである。もとより土方成美を代表としていた国家主義派は、全員が戦後に職を奪われたのであるから、新制東大の経済学部の人事構成からすると、圧倒的に多いマルクス経済学派、少数の近代経済学派、ゼロの国家主義派というようになった。

西の京大でも同じようなことが起きて、多数のマルクス派が復職し、少数の近代経済学派が残っていた状態になっていた。マルクス派のスターだった河上肇は大学を辞してから戦争直後に死亡しているので、二度と京大に戻らなかった。京大も多数派がマルクス派となったが、東大と比較するとマルクス経済学者としてのスターは少なかった。

むしろ旧帝大系（東北大や九州大）において大学を追放されたマルクス経済学者の中で、戦後に戻ってきた人の中に、九大の向坂逸郎や高橋正雄、東北大にいた宇野弘蔵の復職（ただし後になって東大社会経済研究所）など影響力の大きい経済学者がいた。これら有名な経済学者のみならず、戦後の民主化のお蔭で、多くのマルクス経済学者が九大や東北大で生まれ育ったのである。

以上をまとめると、東大、京大、九大、東北大といった旧帝国大学において、マルクス経済学者が主流になったのが戦後の特色なのである。強調しておきたいのは、マルクス学派の先生が多くなれば、新しい人の採用はマルクス派となるし、これらマルクス経済学者の教育を受けた経済学部の学生は、当然マルクス経済学を専攻するということである。その一部は経済学者となる。これら旧帝大で育った若き経済学者はそれらの旧帝大に残って教員になるし、かなりの人が全国の大学に教員として赴任していくので、全国の大学でもマルクス経済学者が主流となる事情があった。これら旧帝大は大学教員の供給大学であると認識しておこう。

私立大学の慶應義塾大学においても東大の戦後と同じことが発生し、戦後はマルクス学派の経済学者の多かったことが池田・小室(二〇一五)で述べられている。主要な国立大学である一橋大学と神戸大学では、もともとマルクス派は少数派だったので、マルクス派が多数になることはなかった。操り返すが旧帝国大学(東大、京大、九大、東北大)の四大学が圧倒的にマルクス経済学派で占められるようになったのであり、これらの大学は主要大学なのでマルクス派が非常に目立つ戦後の状態となったのである。

マルクス経済学はどういう研究をしたか

このようにして日本の経済学者はマルクス系が主流となったのである。資本主義国であり、しかも一九五〇年代後半からは高度成長期を達成する経済の強い国でありながら、学問はマルクス経済学者が主流という珍しい国が戦後の日本であった、欧米の経済学者から不思議がられたほどであった。

では戦後のマルクス経済学者はどのような仕事を行い、そしてその評判はどうであっただろうか。これらがここでの関心である。戦前のマルクス経済学者の間では、講座派と労農派の対立のあったことは既に述べたが、戦後になってもこの両派は残存していた。講座派は戦後になって新講座派と呼ばれた路線であり、一九五三（昭和二八）年から一九五五（昭和三〇）年にかけて出版された『日本資本主義講座』に結実して、新しい学説を主張したのである。一方の労農派は戦後に復活した東大の教授に多く、この派も新しい学説を主張したたし、現実の経済政策の運営にもコミットした。理論派の代表は既に述べた宇野弘蔵であるし、実践派には大内兵衛や有沢広巳がいた。大内と有沢については後に述べる。

まず新講座派について述べておこう。日本資本主義の発展は欧米とは異なる農業の分野で特殊な姿で進行したというのが、講座派の主たる見方であったが、特に戦後になってGHQ指導の下で実行された農地改革の評価を巡って、新しい論争が起きた。それは大土地保有者から土地を没収して、旧小作人に安い価格で土地を与えて独立自営農民を新しくつくったことに関する解釈を巡るものであった。

例えば農地改革を積極的に評価して、半封建的な特色を有した農地制度を解体させるのに成功したと解釈する一派がいた。その一方で、いやそうではないとするもので、一見独立自営農民は誕生したように見えるが、旧来の地主階級はまだしぶとく残ったたし、旧小作人のかなりの数の農民は、戦後になってから農業から離れて工業資本主義の発展による企業で働くようになり、資本家から搾取される労働者になっていった、という説をする一派がいた。これらは伝統的なマルクス主義に固執する見方であったと言ってよい。

特に新講座派、あるいはその亜流は政党との関係が深いことが無視できない。それは戦後になって政党活動ができるようになった日本共産党との関係である。日本の資本主義がアメリカ資本主義に従属あるいは隷属しているとみなす日本共産党の見方を支持して、アメリカ帝国主義を倒すという政治目標につながったマルクス経済学者がいた。そして一部にはソヴィエト・ロシアのスターリン恐怖政治を批判しない人まで出現したのである。これらを一言でまとめれば、教条主義的な共産主義と新講座派のマルクス経済学者のつながりが深くなったのである。政治の世界と密接な関係を持つようになった新講座派のマルクス経済学は、ドグマ的とみなされるようになって、学問としての経済学で貢献する程度が少なくなったし、多くの国民からも関心が寄せられないようになった。マルクス経済学の衰退がこれを一つの契機として一九六〇年代あたりから始まったのである。

では労農派はどうだったのだろうか。労農派は何度も言うように宇野理論の登場によって一定の経済学としての理論的貢献があったし、他の経済学者にもそれなりの貢献があったことを述べておこう。それを代表する二人は有沢広巳（一八九六－一九八八）と大内力（一九一八－二〇〇九）である。有沢は東大の経済学部が独立の学部になったときの一期生の学生であるし、大内はかの大内兵衛の息子である。父の兵衛は学問にはさほどコミットせず、政府の審議会などで経済政策の立案に貢献したし、東大ではマルクス派のボスとして人事に辣腕を振るった人である。ところが息子の力はそれの反面教師か、学問で大きな貢献をした。

筆者はマルクス経済学者ではないが、有沢の仕事は好きだし高く評価している。その理由にはいろいろある。まずは統計学を専門にしていたので、統計を用いて現実の経済を厳密に分析することに徹していた。さらに、日本の工業を詳細に統計的に実証すると、大企業と中小企業、農業の分野で大きな格差のあることを発見した。その見方は『日本工業統制論』で示されていたし、戦後になってこの考えが大々的に流布されることとなった。大企業と中小企業の間には、賃金、生産性、資金力、利潤額などで大きな格差のあることは、現在でもその存在は続いているし、日本経済の特色を語る上で重要な性質である。これを最初に言い出した有沢の功績は大きい。

もう一つ、有沢には歴史に残る仕事がある。後に述べる「傾斜生産の理論」である。戦後の一九四七(昭和二二)年五月から四八(昭和二三)年三月まで、日本で最初の社会党内閣が片山哲を首相として存在した。講座派・新講座派のマルクス経済学者は日本共産党と関係が深かったが、労農派のマルクス経済学者は日本社会党と関係が深かった。労農派の経済学者が片山内閣の経済ブレーンとして登用されたし、それ以前の吉田茂第一次内閣、片山哲以降の吉田茂内閣においてもいく人かの労農派のマルクス経済学者はブレーンとして登用された。その代表者として大内兵衛と有沢広巳を挙げておこう。

ここで興味のある話題は、社会党内閣なら当然としても、保守政治家で自由主義経済の信奉者である自由党の吉田茂が、なぜマルクス経済学者に経済政策上のアドバイスを求めたのだろうか、である。それにはいくつかの理由がある。

第一に、戦後の日本は戦前の全体主義・軍国主義から離れて、自由主義・民主主義へとラディカルな転身を遂げた。このような大転換であれば、たとえ急進主義者であるマルキストの経済学による思想・政策も、多少は役に立つだろうと考えたのである。さらにアメリカ占領本部も、日本を大きく変えるには、社会主義的な政策も必要であると考えていた。

第二に、官庁が東大教授を審議会の委員にしたり、政策上のアドバイスを彼たちより受けるのは戦前からの伝統であったし、戦後もそれが続いていた。東大教授を見渡せば、戦後になって東大に復帰してきた人はほとんどがマルクス経済学者であった。近代経済学者はごく少数だったので、登用できるのはマルクス経済学者しかいなかったという事情を無視できない。

第三に、東大のマルクス経済学者派は労農派の人が多く、政治的なドグマに染まった人がさほどいなかったという事情もある。さらに、戦争中にいく人かの労農派経済学者は政府内や軍事内で戦時経済の運営に関与していたので、戦後経済の分析と政策立案に自然と溶け込める知識を有していた。

これらの事情や理由が重なって、有沢は戦後に政府の経済政策の立案に大きな役割を演じるようになった。そのときに有沢の提唱したのが有名な「傾斜生産の理論」である。これは一九四八

（昭和二三）年の『インフレーションと社会化』という報告書にまとめられている。

「傾斜生産の理論」は端的に言うと次のようになる。戦後経済は失業、食糧危機、インフレーション、生産の停止、といったいくつもの難題を抱えていた瀕死の状態の中にいた。それに対処するには復興のさきがけとしてごく少数の産業の復興が、経済発展の起爆剤になると考えた。それは石炭業の生産を集中的に行うことによって達成される、というものであった。

石炭生産量が増加すると、電力というエネルギー生産の増加に寄与するし、鉄鋼生産にも波及する。鉄鋼業はあらゆる生産財の素材として使われるので、他の工業製品の生産増加にも貢献することになる。こうして、まずは石炭業、次いで鉄鋼業というように、産業発展の起爆になる産業を第一に復興させよ、というのが有沢の言う「傾斜生産の理論」の骨子である。

有沢がなぜこの理論を思い付いて、実行に移せると考えたのか、筆者の一つの解釈を述べておこう。第一に、フランスのフランソワ・ケネーに『経済表』という経済書があるが、この本は農業から他産業への波及効果を示したもので、有沢は農業を石炭業に置き換えた発想をしたのではないか。マルクスの再生産方式もケネーからのヒントとされるし、有沢はマルクスの理論は熟知していたと考えられる。ロシア生まれのレオンティエフというアメリカの経済学者が、一九三六年に産業連関表という行列を考えて、産業間の生産額の移動の考えを提案していた。有沢がこの産業連関表を知っていたかどうかはわからないが、傾斜生産の理論は産業連関の理論の一変型である。

第二に、マルクス経済学の政策立案と実行は、基本的に中央政府による経済計画の策定と、その実施にある。政府が先頭に立って経済計画の立案をし、それを現実に実施する方策を行うのが政府の役割と考えるので、石炭業、鉄鋼業、その他の製造業の生産への波及効果を期待する発想は、優れてマルクス経済学的である。有沢はマルクス経済学者であった。

次は大内力である。父親の兵衛のような政治家じみた人と異なり、息子はマルクス経済学、それも宇野学派継承者として学問的に質の高い仕事をした人である。マルクス経済学に疎い筆者が解説をするよりも、大内力の仕事については、モーリス＝鈴木（一九九一）に見事な解説があるのでそれに準拠する。宇野理論は資本主義の発展には三段階（すなわち、重商主義、自由主義、帝国主義）があるとしていたが、帝国主義はレーニンの主張によるものに相当し、これは資本主義崩壊の始まりの時期とも一致する。大内は日本では資本主義の崩壊を意味する国家独占資本主義が、戦前の一九三〇年代から既に出現していたと主張する。

そして国家独占資本主義は、資本主義の崩壊を阻止する目的として、一九三〇年代の世界恐慌からの回復を図るために国家・政府が積極的に出てきて、種々の政策（ケインズ的な有効需要政策、福祉政策、産業保護政策など）を実施した姿と似ていることを示して、それを国家独占資本主義と定義したのである。すなわち、ロシアのような社会主義国でも日英米のような資本主義国でも、〝国家〟（すなわち政府）の役割が大きくなったのである。ここで〝独占〟という言葉は少数の大企業が経済を支配している状態をさしている。

宇野経済学は「現状分析」を大切としたが、正に大内力はこの宇野のいう「現状分析」を国家独占資本主義という形で完成させたのである。そして戦後の財閥解体と農地改革という改革を大内は次のように解釈した。すなわち財閥解体は、日本の巨大企業が家族支配的な企業から専門経営者の支配する企業への転換を意味したと解釈した。そこでは独占の形態はそのまま保持されたので、独占資本主義は戦前から戦後までそのまま続いたと解釈されている。しかし、少なくとも三菱、三井、住友などの大企業は一時的ではあったがいくつかの起業に分割されたので、一時的には独占は排除されたとみなした方がよいと筆者は判断している。

農地改革はむしろ農業保護政策を導入するための契機になった、と大内は解釈して、独立自営農民を生み出したにせよ、国家が農業を貿易の分野や農産物価格維持策といった保護政策の国に日本はなったと主張したのである。大内は農業経済学を専攻したので、ここでの農地改革に関する大内説は彼の真摯な実証研究から得られた説と理解しておこう。

さらに大内は一九七一（昭和四六）年の『現代日本経済論』によって、低廉な労働力の豊富な供給があったこと、「二重構造論」で示されるように大企業と中小企業の間の大きな格差の存在があったが、それは中小企業とそこで働く人の犠牲があったことなどを主張した。それによって日本の高度成長は生み出されたと主張しており、これは大川一司や篠原三代平などの近代経済学からの見解とも一致していた。マルクス学派はこの格差を是正せねばならないと強く主張したが、近代経済学派は経済効率性（すなわち高成長経済）の確保のためには、ある程度の格差はやむをえないと考える、という違いは認識しておかねばならない。

矢内原忠雄（一八九三－一九六一）

矢内原忠雄は一九三七（昭和一二）年に東大を追われたが、社会主義思想に関係することが直接の原因ではなく、むしろ軍国主義批判や帝国主義への批判が主たる要因となっての追放劇である。キリスト教信者としての彼の行動はユニークなのでかなり詳しく論じてみよう。

矢内原に関しては、矢内原（一九九八）に依拠している。これは忠雄の息子・伊作による父の伝記である。矢内原は医師である望月謙一の四男として生まれる。後に忠雄が第一高等学校時代に決定的な影響を受ける内村鑑三と新渡戸稲造の二人が士族出身であるのに対して、彼は経済的に恵まれていたが平民の出であった。このことを忠雄自身は全く気にしていなかったが、後の彼の生き方に微妙な影響はあったかもしれない。ついでながら、内村と新渡戸はともに札幌農学校（現北海道大学）出身のクリスチャンであり、日本の思想界・宗教界に大きな影響を与えた人である。

矢内原の高校生時代における大きな転機は、一高のキリスト教青年会に入って、内村鑑三門下のクリスチャンになったことである。矢内原の著書に『キリスト教入門』（角川書店）というのがあるが、そこで自分がなぜ入信したかを書いている。それは自己の無力、小ささ、弱さ、醜さに気がついていて、その悩みに対応するための手段として、キリスト教の信仰に頼ろうとしたのである。矢内原は内村の有名な無教会主義に共鳴し、毎日曜日ごとの聖書研究会で聖書の講読を続けた。矢内原は一高を首席で卒業し、当然のごとく東京帝大法科大学に進学する。政治学科に所属するが、経済学も学んでいる。当時はまだ東大の経済学部は独立しておらず、経済学科で講義をしていた新渡戸稲造の植民政策と、吉野作造の政治史に影響を受けた思い出を語っている。

東大を卒業してからは、紆余曲折の末に住友本社に就職して、新居浜《にいはま》の別子銅山で働くこととなった。矢内原は新居浜在住中にキリスト教の洗礼を受ける。しかも伝道活動にも熱心に従事した。ついでながら、この時期に矢内原にとって最初の著作となる『基督者の信仰』の原稿を書いた。最初の著作が経済学関係ではなく、キリスト教に関するものなのは、彼にとっていかにキリスト教が本質的に重要なことであるかを物語っている。

三年の新居浜生活を終えて、矢内原は東大経済学部助教授として赴任することとなる。経済学部が新しく法学部から独立して、新しい教員を必要としたことと、植民政策の担当者だった新渡戸稲造が国際連盟の事務局次長として赴任することになり、植民政策の担当者に空席が生じたことによる。学術的な業績のない矢内原が選ばれた理由は、一高・東大時代の学業成績の優秀さと、恩師である新渡戸の弟子ということも有利に作用した。

矢内原は東大の助教授となってから英独に留学する。帰国後も研究に没頭し、一〇年ほどの間に植民地に関する研究論文と書籍を続々と発表し、この分野において権威者となる。矢内原の研究は朝鮮、台湾などの植民地を綿密に調査し、実証分析をすることと、現地における政策を論じることにあった。

ところで、筆者は矢内原の学説に限界も感じる。それは植民地の存在を前提にした上での政策論議に過ぎないからである。換言すれば、帝国主義的な拡張路線の成果である植民地の存在を拒否するものではない、ということである。矢内原は本格的なマルクス経済学者ではなく、シンパとみなしてよいが、帝国主義の実践である植民地を否定はしていない。しかし、矢内原が日本の植民地政策を批判している論文・書物が多いことと、マルクス経済学にも造詣が深いことが明らかなので、もう一歩踏み込んで日本が帝国主義政策をやめて、植民地の領土を放棄することまで主張しなかったのが残念である。もっとも当時の右翼・軍部が強い政治状況を考慮すれば、日本は植民地を放棄せよなどと主張すれば、大学を追われることは予想できるし、生命まで狙われかねない危険性があるので、やむをえない側面があったと弁護しておこう。

時は進んで一九三一（昭和六）年に満州事変が発生し、日本軍の中国をはじめとした侵略戦争は本格化し、一九三七（昭和一二）年には蘆溝橋事件を経て、全面戦争の時代に入った。今までは比較的穏健な論調で日本の植民地政策を批判していた矢内原であったが、満州事変の勃発を機に批判の度合いを強めていく。すなわち、一九三四（昭和九）年には『満州問題』を出版して、満州事変は軍部の関与した意図的な作為事件であり、満州国自体の誕生も日本の独占資本主義・帝国主義がもたらした結果のものであると結論づけた。

軍国主義・国家主義の姿をますます強めていた当時の日本において、民衆もこの風潮を支持するような愛国心に満ちた雰囲気の強い中で、矢内原は自分の立場が危険になることを覚悟した上で、日本の進んでいる道を公開の場で批判したのであった。さらに、矢内原は他のところでの演説で、日本がどうしようもない国に向かいつつあるので、日本を葬る必要がある、と発言していたり、天皇の絶対性を否定した文章も書いており、辞任やむなしとの判断が東大総長を含めた当局の判断となった。現時点から矢内原辞任事件を評価すれば、矢内原の言動は「言論の自由」が保障されている時代であれば糾弾されえないことである。現にそのことを戦後の社会はよくわかっているので、矢内原は戦後になって東大に復職するし、東大総長まで務めることとなる。キリスト教の宗教心、マルクス経済学シンパ、反軍国主義の矢内原の人生であった。

大河内一男：経済学部の派閥抗争と学問

大河内一男は東大三大派閥の一つ、自由主義派の河合栄治郎の弟子であったが、ドイツに留学したことにより、歴史学派経済学や社会政策を勉強することになり、東大の教員になっても社会政策を専攻した。マルクス学派と一線を画しながらも、資本主義の解明をするにあたっては、労働者の立場を重視する姿勢は社会政策を研究する身としては自然なことであった。もとよりドイツの歴史学派、社会政策学派にも右派、中間派、左派の三つがあったことは既に述べたが、大河内を区分すれば右派ないし中間派ということになろうか。大河内については、『社会政策四十年追憶と意見』（一九七〇年）を参考にした。

大河内にとっての若い頃の汚点は、師匠の河合栄治郎が東大を追われたときに、一時は当局への抵抗を示したし、師匠に殉じて辞表を書いた。ところが河合の説得や総長・平賀譲の要請に応じて、辞表を撤回して東大に残った事件があった。河合門下の三羽烏の木村健康と安井琢磨は東大を去ったが、大河内のみが残ったので、まわりからは大河内に対して批判の声があったのである。

当時の日本の大学における師弟関係であれば、弟子は師匠と行動をともにせねばならない雰囲気があったろうが、河合は東大経済学部の三大派閥の深刻な対立関係から研究・教育がうまく運営できていなく、三人の教授、すなわち大内兵衛、土方成美、そして河合はその代表者だったので責任を取った側面がある。若い大河内にはその責任はなかったとみなせるので、辞任する必要なかったのでは、というのが筆者の見方である。しかし当時では師弟関係は一心同体のところがあったので、それを好む人から批判があったのだろう。

大河内の社会政策に戻ろう。企業の生産性を高めるには、ドイツのビスマルク宰相による「アメとムチ」策は社会政策の顔であったが、大河内の社会政策はこれよりも労働者寄りの姿勢であった。しかし企業の生産性を高めるために「生産力理論」を提唱して、資本の論理を無視せずに企業の利潤確保を容認した上で、できるだけ労働者の権益をも保障する立場を好ましいと主張したのである。すなわち安定的な労資関係を確保し、かつ労働者の賃金や労働時間が劣悪になってはいけない、と説いたことが大河内・社会政策の根幹である。マルクス学派は企業の論理よりも、労働者の論理を重視したのであるが、大河内説はそのどちらも重視する、という説に置き換えてもよい。

経営者は資本の論理（すなわち高い利潤の追求）を大切にし、労働者の論理（すなわち良好な労働条件）を大切にする、といった両極端の思想からすると、大河内などの社会政策はあいまいな折衷案に過ぎないとの批判はありうるが、「中庸すべてよし」のことわざもある。経済学者の仕事として、何割を資本側に配慮し、何割を労働側に配慮するのがベストな組み合わせか、という作業はいつの時代でも要請されている。現代の言葉を用いるなら、経済効率性と公平性のベストな組み合わせはどこにあるのか、という課題とも関係がある。

マルクス経済学を学んだメリット

東大・京大をはじめ、東北大や九大などの旧帝国大学の経済学部では、マルクス経済学が戦前ではかなり強かったし、戦後になればそれが一層強化されたと述べた。

日本は高度成長期の頃から、資本主義国の優等生として経済大国になったが、経済学は資本主義を否定するマルクス経済学が優勢であったという、つまり学問の経済学と現実の経済との間に乖離が生じているという、不可思議な国だったのである。

エリート養成の場である旧帝大でマルクス主義を学んだ学生が、卒業後に官界や実業界で日本の指導者となり、資本主義を牽引する人となったのである。学生時代に学んだことと社会・経済での実践は異なるという、一見矛盾に満ちた人材育成が行われていた。

しかし、あえてこの矛盾を積極的に擁護すれば、学生時代にマルクス主義を学んだ人は、労働者は資本家に搾取されているとか、労働者の権益保護の大切さを学んだ高級官僚と企業経営者は、日本の社会と企業を運営するに際して、資本家と労働者の対立をできるだけ小さくするような政策を望ましいと考えたのではないか。本来は資本家と労働者はマルクス経済学の主張する通り、階級対立するものであるが、階級間の摩擦を小さくしようと努力したのである。その一つの例は、経営者と労働者間の所得格差が、日本は他の資本主義国よりもはるかに小さかったのである。

同時に、全ての労働者の勤労意欲を向上させるために、労働者間内にも賃金格差をあまりつけないような人事政策を取ったのである。例えば、年功序列や終身雇用はその例である。日本の所得分配が平等であった起源の一つがそこにある。マルクス経済学のいう階級対立のデメリットを学生時代によく学んだだけに、就職後の現実の世界ではそのデメリットを消すような政策を、マルクスを学んだ人は採用したのである。

日本の経営者は経済学部で学んだ人だけでなく、他の学問を学んだ人も多くいた。しかしそういう人も、戦後の日本では「平等」が大切であるとの社会的雰囲気を、マルクス経済学の影響もあって支持していた。その一つの証拠は、戦後の日本の大学では、左翼思想の学生運動が非常に盛んだったことでわかる。その精神を社会人になっても忘れなかったのである。やや誇張すれば、学生運動の活動家が企業に就職すると、仕事で頑張って経営者になる人がかなりいたのである。もう一つの例は、労働組合の幹部だった人が、よく経営幹部に抜擢された。

ここでこれまで述べてきたことに妥当性があるのなら、戦後のしばらくの間、大学の経済学部ではマルクス経済学が教えられ、学生一般も左翼思想を支持していた事実は、日本にとって好ましい環境を生むのに貢献したと解釈できる。労働者が平等に処遇される姿に応えるために、高い勤労意欲を持って大いに働いて、それが企業成長や日本経済の高成長をもたらしたのである。

日本資本主義の評価

戦後の経済学界を概観すると、マルクス学派が多数派、近代経済学派が少数派になったことは何度も述べてきたが、両者はどのような関係にあったのであろうか。結論から先に言えば、両者の対話は非常に乏しく、お互いがあたかも別の世界にいるような姿の中にいた。前者は「経済理論学会」を形成しており、後者は「理論経済学会」と呼ばれていた。「経済」と「理論」という言葉が逆の位置にある奇妙な対比であると、森嶋通夫が阪大大学院の講義で冗談を言っていたことを妙に記憶している。

戦後の日本の資本主義経済がどのように評価されたのか、両者に属する経済学者が個々に分析している。代表例を示せば、マルクス派が有沢広巳ほか編『現代資本主義講座』であり、近代経済学では中山伊知郎ほか著『資本主義は変わったか』、である。マルクス学派については宇野弘蔵、大内力、有沢広巳などの経済学を論じたときに既にのべたが、一人だけここで加えるべき人がいる。それは井汲卓一《いくみたくいち》である。

井汲は東大で文学を学んだ異色の人であるが、経済学に転向して職を転々とし、戦後になって最後は東京経済大学の学長にまでなったマルクス派の人で、国家独占資本主義で新しい考えを主張した人である。戦後はマルクス主義経済学者の数は多かったが、経済学の学問では近代経済学の方に勢いがあった。学問的に近代経済学の発展が著しかったのと比較して、マルクス経済学による分析は講座派の流れの中で旧態依然としていたし、思想も共産党のドグマにとらわれていた。しかも悪いことに本家のソヴィエト連邦でのスターリンによる恐怖政治に対して、内部からの批判の声は少なかった。

こういう状況の中で井汲は一九四八（昭和二三）年に『日本資本主義論』、七一（昭和四六）年に『国家独占資本主義論』を出版して、新しいマルクス経済学を提唱した。旧来の講座派に見られたドグマ的な恐慌論を排したし、スターリン主義の批判も行った。いわば硬直的なマルクス主義を排して、柔軟な社会主義派の主張をしたと言ってよい。政治的にも東京都社民連合が結成されたときに、その時代の代表者にもなったことからも、その姿勢がよくわかる。このような人と同じラインにいたマルクス経済学者として、横浜国立大学教授から神奈川県知事にまでなった長洲一二《かずじ》がいた。

井汲と長洲が登場すれば、都留重人（一九一二－二〇〇六）を挙げる必要がある。資本主義で欠かせない論客であったし、マルクス経済学と近代経済学の双方に造詣が深かった。日本人で最初の国際経済学連合の会長（一九七七－八〇）を務めたので重慎の経済学者である。なお日本人で二人目の会長は、後に登場する青木昌彦である。

都留重人の人生はユニークである。名古屋の東邦瓦斯の社長の息子だったので育ちに苦労はなかった。旧制の第八高等学校（現・名古屋大学）で学生運動をして除籍となり、進学先がなくなってハーバード大学に留学する。経済的に豊かな家庭に育ったからできることであった。ハーバード大でPh.D（博士号）をとり、経済学者の道を歩む。第一回ノーベル経済学賞を受け、大経済学者の誉れが高いサミュエルソンと友達となり、その後種々の交流を続け、彼から恩恵も受けた。

経済思想から都留を判断すればどちらかといえば左翼である。マルクス経済学者でもなく、かといって当時流行し始めた数学を駆使する近代経済学者でもなかった。一時は共産主義者であったことも告白している。戦後は社会党のブレーンでもあったように資本主義批判の発言をしていた。一昔前の経済学者のように広い視野から資本主義論を展開したのが都留であった。例えば『現代資本主義の再検討』（一九五七年）という本の中では、アメリカ経済が不況を何度か経験していることに注目して、その理由として独占大企業のあくなき利潤追求の姿があるとしている。かといってマルクス主義者のように革命によって資本主義を倒すといったようなことは明確に主張せず、資本主義を修正することによってその欠陥を補うことができるという考え方であった。

都留を日本で有名にしたのは、戦後の経済安定本部（その後の経済企画庁）が一九四七（昭和二二）年に第一回目の『経済白書』を出版したとき、執筆の責任者であったことである。白書の結びは「まじめにはたらくものどうしが、もっともっと直接につながりあって、自らの労働の成果を通じて生活を豊かにしていく」というものであった。経済再建のために国民の労働を説いたのである。最後に、もう一つ都留を有名にしたのは、日本の高度成長によって公害などの環境問題が深刻になったことに対して、批判を重ねて経済一辺倒の日本の姿を憂えたのである。これに関しては宇沢弘文と共通点があった。

筆者とのささやかな接点を述べて終えたい。前世紀の終わりから二一世紀に入って日本で格差・貧困問題が深刻になっていると筆者が警鐘を鳴らしている頃、某国際学会における筆者の報告を聞き終えたとき都留が近寄ってきて、「君の主張に注目しているよ」と筆者に向かって言ったのである。面識もなく、かつ筆者からすると雲の上の天上人の都留の言葉に感激したことがある。

第6章 近代経済学とマルクス経済学の相克

1 数理経済学の目立った近代経済学

「近経」「マル経」

一九七〇〜八〇年代までの日本の経済学界では近代経済学（通称・近経）という言葉と、マルクス経済学（通称・マル経）という言葉が横行していた。この大学は近経を教える大学だ、あの大学はマル経を教えている大学だとか、この先生は近経学者であの先生はマル経学者である、との会話が、大学教授、学生、そしてマスコミや出版関係者の間で、四六時中にわたって飛び交ったのである。不幸なことに両学派は対立することが多かった、というべきか、むしろお互いに相手を無視する行動に出たと言うべきである。

経済学部で教授あるいは助教授（今は准教授と呼ぶが）、助手（今は助教と呼ぶ）を一人採用するとき、候補者が二人登場してどちらかの一人に採用決定せねばならないとき、一人の近経と一人のマル経の候補が残り、一年も二年も人事の決定を先送りされたのは日常茶飯事であった。この例は近経とマル経の学者数が教授会で拮抗していた場合に多く、どちらかの勢力が他方より強い経済学部ではすんなり決まることが多かった。もっとも、一方の勢力の強い経済学部であっても、候補者を絞り込むときにその人がどこの大学、あるいは大学院で育ったのか（すなわち学閥のこと）、さらに誰の人脈、お弟子さんかということがかなり重要な役割を演じるのが日本の大学の人事であった。これらのことは後に折にふれて言及する。

数理経済学の歴史

近代経済学の各分野の中で、戦後の日本で世界的に存在意義を示したのは数理経済学の専攻者が多く、次いで計量経済学者が続いた。ともに数学と統計を用いる分野であり、どのようにして日本人がこれらの分野で強くなったかを考えてみる。その前に世界における数理経済学、計量経済学の歴史を簡単に知っておく必要がある。

数理経済学の始まりは、一九世紀のフランスにある。特にその始祖はオーギュスタン・クールノーとされ、一八三八年の『富の理論の数字的原理に関する研究』がその出発点であった。今ではいくつかの企業しか存在しない寡占（すなわち独占や複占）の状況の下で、物の価格と数量がどのように決まるかを、数学を用いて解いたのである。

現代では「クールノー均衡」という専門用語すらあるので価値の高い経済分析を行ったのであるが、当時の分析手法として数学を用いるのは珍しく、出版当初では彼の本はそう評価されなかった。しかし、現代では経済分析の手法として数学を用いるのは当たり前なので、むしろ今では高級な数学を駆使するだけで終わり、経済の分析はまったくないという批判の時代にすらなっているとの声もある。とはいえクールノーが最初に数学を経済学の分析手法として導入したことは評価してよい。どの学問分野においても創始者は当初において無視されることの多いのは、あらゆる分野の学問の歴史が証明している事実である。

クールノーに刺激されて同じく数学を用いたのは同じくフランス人のレオン・ワルラスであり、有名な一般均衡論の提唱者であった。一八七四年に『純粋経済学要論』の上巻を、七七年に下巻を出版した。寡占ではない競争市場の下で、複数の財の価格や生産量が多数の消費者と生産者の存在する中で決定すると証明したのはあまりにも有名である。一般均衡理論の創始者といってよく、後に数理経済学者が一般均衡理論に数学分析を重ねるようになった契機がワルラスであった。

もう一つ、数理経済学の重要な分野として、ゲーム理論がある。既に紹介したので、ここでは簡単にすませる。ゲーム理論とは、複数の人々が意思決定や行動を行うとき、相手がどのような意思決定や行動をするかを想定しながら、自己の戦略をどう決定するかを考える理論である。個人のみならず、企業行動においてもゲーム理論的発想ができるので、経済学において極めて有用な分析ツールとなったのである。この分析手法はノイマンとモルゲンシュタイン（一九四四）以降爆発的な発展を遂げるようになり、いろいろな経済行動を分析するに際してゲーム理論が用いられるようになった。一九七〇年代から二〇〇〇年過ぎにかけて、経済理論分析のかなりの数がゲーム理論の応用によってなされた。この時代はゲーム理論を用いた経済学論文がもっとも多い比率になっていたのである。

最後は計量経済学である。一九世紀のイギリスでダーウィンの進化論を発展させたフランシス・ゴールトンという生物統計学者が回帰式を生み出し、その後カール・ピアソン、ロナルド・フィッシャーなども出て、イギリスが数理統計学の中心になった。データの豊富な生物学や医学に統計学を応用していたのであるが、二〇世紀に入ってから、データが収集されるようになった経済にも統計学を応用する気運の高まりがあった。

その気運の高まりが、一九三〇年のEconometric Society（計量経済学会）の誕生であった。アメリカのアーヴィング・フィッシャーとノルウェーのラグナー・フリッシュによって設立された。「統計と数学に関連した経済理論研究を推進する国際学会」というのが計量経済学会の趣旨であり、経済統計を用いて実証研究を行うとか、その統計分析手法を開発するのが計量経済学である。統計学を経済分析に応用するようになった一大進歩と理解してよい。もとより数理経済学もEconometric Societyの重要な一分野であった。初代会長はフィッシャーであり、もう一人の設立者のフリッシュは第一回（一九六九年）のノーベル経済学受賞者であった。なお日本人の会長経験者は、森嶋通夫、宇沢弘文、根岸隆の三名である。三名ともに数理経済学者であることに留意されたい。

なおEconometric Societyの機関誌は一九三三年創刊の*Econometrica*という学術誌であるが、数理経済学と計量経済学の分野ではもっとも権威のある学術誌とみなされている。この学術誌への掲載を目指してこの分野の専攻者は研究に励んでいるといっても誇張はない。

興味ある出来事が*Econometrica*に起こったのが、ほぼ二〇〜三〇年前である。この学術誌はヨーロッパ在住の経済学者が大きな比率を占めていたので、英語とフランス語で書かれた論文の比率は四対一か三対一であった。ところが戦後に入ると、フランス語の論文はせいぜい一点か二点、ゼロのときもあった。二一世紀の今ではフランス語の論文をほとんど見ることがない。

英語のウェイトが圧倒的に高くなり、逆にフランス語はほとんど消滅である。なぜこうなったのだろうか。これは学問における英語の圧倒的な強さの反映である。英語圏以外の国の人までまず英語でしか論文を発表しなくなったし、そういう人は自国語（例えば日本語、ドイツ語など）で論文を発表しておれば世界に注目されないのを恐れて、できるだけ英語で発表しようとするのである。これはなんと公用語としてフランス語で発表することの可能なフランス人までが、

Econometrica に英語で発表するようになったことでも象徴される。学問の世界では英語が唯一の公用語になりつつある事実、あるいは既になってしまった事実の反映である。経済学は自然科学ほどの英語支配ではないが、それにほとんど同じになりつつある。

日本人が数理経済学で席圏するようになった理由

Econometric Society で三名の会長、そしてその他にも二階堂副包、稲田献一、雨宮健など数多くの数理経済学のスターを日本人で占めるようになった理由を、様々な角度から考えてみよう。

第一に、言葉の理由がある。従来の経済学は数学や統計をそう用いずに、哲学的、思想的な論議が多かったので、日本人が英語の論文、書物で世界に発信するには困難があった。文章の優劣が読者に魅力を与えるか、あるいは説得できるかの程度が高かったので、英文を書くのが不得手であった日本人にとっては、外国の学術誌や出版社を見つけることに困難があった。例外としては、既に登場した都留重人はハーバード大学の Ph.D. を取得したので英語に強く、数学を用いない論文を書くことができた。日本で教育を受けた人が、英文学や英語の専門家でない限り、上等な英語で著作を準備できないのは当然である。

しかし数理経済学は中身が数式に満ちており、典型的な英文（例えば putting this equation into…、など）を少し用いるだけで論文が書けるので、英語力に欠ける日本人でも出版が可能となったのである。数字と数式で満ちる計量経済学も同様と言ってよい。

第二に、もともと数学を専攻にしていた人が、経済学に転向するケースが結構あることも見逃せない。数学が得意なので数学を専攻したと思われるが、経済学に転向した理由はいろいろで、得意な数学を活かせれば質の高い数理経済学の論文を書ける確率は高まる。例を示せば、宇沢弘文、二階堂福包、稲田献一などは大学の数学科で勉強した経済学者である。

実はこのことは日本人の専売特許ではなく、外国でもよく見られた現象である。有名なところでは、ジョン・メイナード・ケインズは確率論、アルフレッド・マーシャルは数学をケンブリッジ大学で学んだのである。目をアメリカに転ずれば、ポール・サミュエルソンはシカゴ大学の学部時代は物理、ケネス・ジョセフ・アローはニューヨーク市立大学で数学を学んだのである。最近のスター経済学者となったフランスのトマ・ピケティは、学部時代は名門の高等師範学校で数学を専攻した。もともと数学の強い人が数学を多用した経済学の論文を書くことができるのは当然かもしれない。

ついでながら筆者が知っている限りで、数学専攻者がなぜ経済学を専攻するようになったかを書いておこう。ケインズはイギリスの官僚になりたかったから。マーシャルはロンドンの貧民街を見て、経済を豊かにしたいと思ったから。宇沢は戦後の日本経済の破壊を見て、経済復興策を考えたかったから。他の要因としては、当時勃興しつつあった論理を重視する経済学には、数学の知識が有用であろうと思う人のいたことは想像できる。

ややどうでもよい話題を書いておこう。森嶋通夫は学部時代から経済学を専攻したので、数学からの転向者ではない。森嶋は筆者の大阪大学大学院の学生の頃、数学から経済学に移ってきた人にやや否定的なことを述べていた記憶がある。決して口には出さなかったが、「彼たちは数学の世界で生きていけないので移ったのだ」との暗示があった。逆に筆者は「自分（森嶋）は経済学専攻ながら数学を独学で勉強したのであるから、価値高いよね」と言いたいような雰囲気をやや感じた記憶がある。

第三に、既に少し書いたことでもあるが、一九三〇〜五〇年の経済学は理論の発展があって、論理に基づいた議論が中心になっていたし、一部には数式を用いて経済モデルを説明する動きが見られていた。例えば、需要関数、供給関数、消費関数、投資関数、フィリップス曲線、といったように数式表現が多用されていたので、一部の経済学者はこれをもっと発展させようと思ったのは自然である。これは当然のことながら数学の適用を呼ぶ。

これらの動きが経済学術誌に論文として掲載されるようになったのを見て、数学に強い経済学者が論理的、かつ厳密な学問として数理経済学の発展に尽くそうという気になったのである。一方で皮肉な見方をすれば、人文科学、社会科学専攻の人には、数学、物理、化学などの自然科学への劣等感が少しあり、経済学を厳密で高度な学問にするには数理経済学がふさわしいと考えたかもしれない。その証拠に、数理経済学の論文には、Theorem（定理）、Proof（証明）、QED（証明終了）といった言葉を用いて、あたかも数学の論文のような書き方をしているのが多いのであのである。読者は経済学の論文を読んでいるのではなく、数学の論文を読んでいる錯覚に陥りかねないのである。

第四に、これは日本に特有のことだと思われるが、池尾（二〇〇六）が細かく指摘しているように、数学者が経済学の仕事に興味を覚えて、経済学者にいろいろアドバイスをしたり、共同で考えたりする雰囲気が日本の大学にはあった。さらに日本語で読める数学書に経済学者が簡単に接することができた。詳細は池尾の著作に譲るが、ここでは数学者の名前だけを列挙して、いかに数学者が経済学者に影響を与えたかをごく簡単に述べておこう。

東京商科大学（現・一橋大学）、名古屋高等商業高校（現・名古屋大学経済学部）の渡辺孫一郎や成実清松《なるみせいじつ》は、代数学を教えていたのであり、後に数理経済学や計量経済学を専攻する久武雅夫や山田勇を育てた。

京都帝国大学では代数の専門家でありながらの園正造がいて、当時京大にいた高田保馬と交流を持ち、経済学者と研究会を持っていた。なんと経済学部で数理経済学の講義を行っていたのである。園は自分で効用関数の分離可能性に関する専門論文まで出版していたのである。

東北帝国大学では藤原松三郎がいて、彼は『代数学』（一九二九年）の中でフロベニウスの定理を紹介したのであり、森嶋通夫はこの書物から学んで、自己の論文に生かしたと述べているほどである。すなわち微分方程式や差分方程式の数学的安定条件を、自己の経済理論に応用したのである。

もう一人重要な東北帝大出身の数学者は角谷静夫（後にプリンストン大学とエール大学の教授）である。一般均衡の存在証明に役立つことになる「Kakutaniの不動定理」を数学論文として出版していた。ゲーム理論においても有名なナッシュ均衡の存在証明にも用いられた。筆者もこの論文を読んだが、ほんの三ページの短い論文にすぎないことに驚いたし、完全に理解できたとはとてもいえない数学的に高級な論文であった。

第五に、数学に関心の高い、あるいは強い人は論理を好む人が多く、当時流行しつつあった論理優先の傾向を示す経済学に、数学を適用する流行に見事に合致して、質の高い論文を書くのに成功した。学術誌はどこもそういう質の高い、あるいは影響力の強い人の書いた論文を掲載する傾向がある。このようにして一九五〇～八〇年代の世界の経済界は数理経済学が華であったし、その後はゲーム理論の経済学への応用が見られたので、数理経済学は華であり続けた。統計を用いた計量経済学も数理経済学に似た性格を有していた。

日本の数理経済学が貢献した分野

ワルラスの一般均衡論において、財の価格の変動があったときに、その財のみならず他の財の需要がどう変動するかは、一九二〇～三〇年代の経済学者にとって関心の高いテーマになっていた。その先駆として、ロシアの経済学者・統計学者、エヴゲニー・スルツキーの開発した学問的には後に「スルツキー方程式」と称される基本方程式があった。すなわち財の価格変動が他の財の需要に与える効果を、「代替効果」と「所得効果」に分割して、それを一つの式で表現するのに一九一五年に成功していた。なんとこのスルツキーの論文はイタリア語で発表されていたのであり、ロシア人がイタリア語で発表したと知るにつけ、当時は現代のような学問の世界における英語の支配はまだなかったのである。

このスルツキー方程式を一般化して、均衡解が安定に向かうのか、それとも不安定に向かうのか、すなわち均衡解が特定の値に収束するのか、それとも収束せずに発散してしまうのかという安定の問題がある。どのようなときに安定するかを探求するのが、安定条件の問題であった。日本人の経済学者はこの安定問題に貢献したのである。その代表が安井琢磨と森嶋通夫であった。

安井を論じる前に、ジョン・リチャード・ヒックスの『価値と資本』に言及しておく必要がある。イギリスのヒックスは財の価格や数量を扱う価格理論を研究して、一九三九年にそれを集大成させた書物を英語で出版した。さすが英語の書物だけに世界中の経済学者の注目を浴びたが、日本人も特にこの書物から影響を受けた。特にこの書物の数学付録は価格理論を見事に数式で表現し、かつ安定条件への示唆を与えたのであり、その後多くの数理経済学の発展を促したのである。

安井琢磨と森嶋通夫・根岸隆の追加事項

安定条件の問題については、英語で論文を書いた森嶋通夫や根岸隆の名前がよく出てくるが、ここで忘れてはならないのは安井琢磨である。安井の仕事はほとんど日本語で書かれたので、世界で知られるには至らなかったが、新しい分野の研究を行ったことは池尾（二〇〇六）に詳細に記されており、ここでそれをごく簡単に要約しておこう。

安井は何度も出てきた東京大学経済学部における三大派閥のうちの一つ、自由主義派の河合栄治郎の下で勉強し、河合が大学を追われたことに抗議して東北大学に移ったことは既に述べた。東北大学においてヒックスの『価値と資本』を始め、数学の書物や論文を読んでいて、安定条件の問題をほぼ一人で仙台において取り組んでいた。そこで安井は英語のみならず独語、仏語などの経済学や数学の論文を読み漁っていたのであり、一昔前の学者の外国語能力の高さには感銘を受ける。その中でもロシアのアレクサンドル・リャプノフによるフランス語の論文（一九〇七年）に気が付き、振動の安定問題を経済の安定問題に応用したのである。

安井はそれを一九五〇年に近代経済学の学術誌『季刊理論経済学』に「安定性の一般理論」と題して発表した。この安井の論文は、安定性に関して有名なサミュルソンが一九四七年の論文において、安定性には第一種と第二種の二種があるとしたのに対して、第二種の安定性の解決に安井の論文は独創性をもたらすものであった。この事実をアメリカの経済学史家であるエリオット・ロイ・ウェイントロープは、一九八七年に安井の独創性として言及している。出版当時は世界で気が付かれなかった安井による日本語の論文が、後になってからではあるがその独創性が評価されたのは救いであった。

安井のキャリアについて一言述べておこう。東大で河合栄治郎に殉じて東北大学で研究を続けたのであるが、そこで熊谷尚夫《ひさお》と同僚になった。二人でヒックスの『価値と資本』を日本語版で訳して出版したのである。熊谷は既に紹介したように『近代経済学』を出版して、日本の近代経済学の発展に尽くしたが、安井のように数学を用いて学術論文を書くことはなかった。むしろ大阪大学に移ってからは『経済政策原理』を出版して、経済理論を用いて経済政策を論じる大切さを説く書物として価値の高い先駆者となった。

ところで熊谷の書物は東大の館・小宮（一九六四）の『経済政策の理論』とともに、経済政策における基本書となった。熊谷と館・小宮の本は、経済職で国家公務員上級試験を受ける人にとって、必読書とされた。

安井も東北大学から、一九七〇年代に「近代経済学のメッカ」となっていた大阪大学に移った。当時阪大には社会経済学研究所が経済学部とは別個に存在していたが、そこに迎えられたのである。やや世俗的なことを述べるなら、当時の阪大・社研（通称）は教授の間で対立が激しかったのであり、高名で長老学者である安井を招聘して対立を静めようとしたのであるが、その目的は成功しなかった。その煽りを受けて森嶋通夫は阪大を辞してイギリスに移っていったのである。

森嶋は既に紹介したので、ここでは記述を抑制する。京大経済学部では高田保馬、青山秀夫、園正造（数学者）の授業を受け、ヒックスの『価値と資本』に没頭し、一般均衡理論に関心を持った。園の影響により数学の勉強もしていた。若い頃にイギリスに留学する機会を得てヒックスの下で研鑽を重ねたことの効果も大きかった。一九五〇（昭和二五）年には『経済動学の理論』を出版して、一般均衡論を安定条件との関係で論じた。その後森嶋は外国の経済学術誌に続々と論文を発表し、世界的に有名な人となった。

その集大成は一九六四年の *Equilibrium, Stability and Growth: A Multi-sectoral Analysis* で書物として出版された。この書物の特色は一般均衡論の安定問題に加えて、フォン・ノイマン型の成長モデルを考慮したことにある。その後森嶋はこれを発展させて *Theory of Economic Growth* を一九六九年に出版した。森嶋は多方面に関心を拡げて、マルクス、リカード、ワルラスなどの理論を数字モデルを用いて解釈するという仕事をも行ったのである。ノーベル経済学賞を受けるという期待もあったが、残念ながらその前に死去したので、それは実現しなかった。

蛇足ながら筆者との関係を一言述べておこう。阪大大学院ではヒックスの『価値と資本』のセミナーに出ていたので、指導を受けるという栄誉に浴した。後になって筆者がＬＳＥ（ロンドン経済大学校）に一年間留学したとき森嶋はそこの教授だったのであり、親しく付き合ったことが思い出としてある。毎週のようにカフェで会い、経済学の話題よりも人のうわさ話や阪神タイガースの話などをしたのである。当時は筆者の専門が森嶋の関心と大きく離れていたので、経済学の会話はさほどなかった。第一級の経済学者でありながら、人物としてはよもやま話のできる人であった。

根岸も既に登場したので、ここでは彼の経済学を中心に記述する。若い頃は安井、森嶋などの影響を受けて一般均衡論の安定条件を研究していた。彼は競争均衡よりも独占的競争の下での均衡問題を考えたところに貢献があった。そして名誉なことは、若くして一九六二年にトップの学術誌*Econometrica*から一般均衡論の安定理論に関して、展望論文の執筆を依頼されたことにある。この分野で第一級の仕事をした人に展望論文の依頼がくるのが、学問の世界では一般的だからである。

一般均衡論で一仕事を終えてからの根岸は、国際貿易論に進出して論文の発表を続けた、例えば国際貿易の世界では自由貿易の支持が一般的であるが、幼稚産業のときには保護貿易は国の利益になるとして容認されることを証明したのである。高年になって根岸は経済学史に関心を移し、古い時代における数字を用いないで主張された種々の経済学上の理論に対して、数学モデルを用いてそれらの理論を厳密に証明するという仕事を行った。

一般均衡解の存在

日本の数理経済学者が国際的に貢献したもう一つの分野は、一般均衡解の存在問題である。これまでの理解では、連立方程式の数と未知数の数が一致するという条件だけで、解が存在するだろうと想像しているにすぎなかった。しかし、財の価格は非負（正かゼロでないといけない）であらねばならず、この条件を満たす解の存在は数学的にはかなりハードルの高い問題なのであった。これに挑戦したのが、数理経済学者の一群であった。

この問題に取り組んだのが、ノーベル経済学賞を受賞したケネス・アローとジェラール・ドゥブリュー、他にもデイヴィッド・ゲールやライオネル・W・マッケンジーなどの貢献もあったが、日本人もこれに加えてよい。すなわち二階堂副包や宇沢弘文である。ここで効力を発揮したのが、ブラウアーや角谷の不動点定理であった。これらの定理は抽象的なトポロジーの数学を使うので、数学に特化していない筆者を含めての人にとっては、とても水準の高い数学なのでここでは詳細を避ける。

日本の経済学者の論文はどこに出現したか

数理経済学や計量経済学の論文はどの学術誌で出版されたのであろうか。特に日本人がこの分野で英語の論文を多く出版してきたので、日本の経済学者の存在が世界で認識されるようになったのであるが、それら論文が具体的にどの学術誌に出現したのかがここでの関心である。それは川俣雅弘（一九九九）によってわかる。

川俣は次に挙げる六種の学術誌をもっとも質の高い、つまり権威のある学術誌とみなして、日本人の貢献割合を調べたのである。この六種は学界でもごく普遍的にもっとも権威のある学術誌とみなされている。

(1) *American Economic Review* (AER), (2) *Econometrica* (Em),
(3) *Journal of Political Economy* (JPE), (4) *Quarterly Journal of Economics* (QJE),
(5) *Review of Economic Studies* (RES), (6) *Review of Economics and statistics* (RESTAT)

ごく簡単にこれらを解説しておこう。(1)はアメリカ経済学会の機関誌である。(2)は既に紹介した国際的な学術団体、Econometric Society の機関誌、(3)はシカゴ大学、(4)と(6)はハーバード大学経済学部の発行する学術誌である。これらはシカゴ大やハーバード大の経済学者が編集者となるが、出版できるのはこれらの大学の在籍者だけでなく、外部の人に広く開かれている。(5)は戦前のイギリスにおいて若年の経済学者が集まって、一九三三年に学術誌を創刊したものであり、目的として数学を用いた経済学の論文を中心にして公刊するようにした。当時のイギリスの経済学界において数理経済学が人気を博すようになった反映でもある。

これらの学術誌は投稿者が論文を編集者に送り、編集者は投稿者と無縁な匿名の第三者にレフェリー（審査）を依頼し、編集者はそのレフェリー・レポートを基に掲載の可否を決定するのである。現代ではレフェリーは著者名を消した論文を審査するのが一般的である。このレフェリー制度は質の判断を、第三者でありながら論文の内容をよく知る専門家が読んで公平に審査するのが原則なので、学術誌の質を保つのに役立つ。ここに列挙した六種の学術誌は審査を通るのが困難なのであり、必然的に質が高くなるし、プレスティージ（権威）があるとみなせるのである。

ついでながら日本では日本経済学会の機関誌として、*Japanese Economic Review* がある。まだプレスティージはそう高くない。残念ながら世界の一流学術誌に投稿したが、拒絶された論文をこの機関誌に送る、という皮肉がまだみられている。さらに、日本人の経済学者の大半は各大学の発行する紀要に無審査で出版するので、論文の質は多種多様である。しかもほとんどの論文が他人に読まれずに埋まってしまうという特色がある。これらに関することは橘木（二〇一四）に詳しい。

表6－1は一九五一～九五年の四〇年間にわたって日本人がこれら六種の学術誌にどれだけ掲載されたか（すなわち総掲載数のうち何割か）を示したものである。これによると、ＥｍとＲＥＳが

表6－1　日本の経済学者による超一流学術誌での貢献

年	(1)AER	(2)Em	(3)JPE	(4)QJE	(5)RES	(6)RESTAT
1955	0	0.885	0	3.400	0	0.772
1960	0	2.386	0	1.788	13.333	3.728
1965	0	2.851	0.304	0	16.185	4.018
1970	2.059	1.594	1.197	3.792	8.696	1.778
1975	1.349	1.160	4.170	1.471	2.761	0.287
1980	2.655	6.739	0	1.906	6.424	2.955
1985	0.863	1.571	0	4.504	2.766	1.966
1990	3.261	2.020	0.816	1.021	2.172	1.404
1995	1.470	1.718	1.076	0	0	0

他を圧倒して高いことがわかる。特に一九六〇～七〇年代に日本人比率の高いことが明らかである。この時代において日本人の経済学者が数理経済学の分野で大きな貢献をしたことを物語っているのである。その後その比率がやや低下しているので、日本人経済学者の貢献が低下したのか、それとも他国の経済学者の貢献が高まったからなのか、速断はできない。

経済学者研究における研究発表のディレンマ

ここで注目した六種のプレスティージの高い学術誌に関連させて、経済学研究を発表するに際して特殊に発生するディレンマをここで述べておこう。経済学研究を内容で区分すると次の四種がある。すなわち、理論研究、実証研究、政策研究、歴史研究である。理論研究は一般均衡理論やゲーム理論で代表されるように、どの国とかどの地域に関する現状分析ではなく、普遍的な学問として多くの人に注目される。実証研究は特定の国や地域の経済現状を統計を用いて分析して、事実を明らかにするものである。政策研究はどういう経済政策を用いるのかという理論の応用と、特定の国や地域に特有な経済政策を論じるものである。歴史研究は文字通り経済の歴史を分析するものである。

このように経済研究を区分すると、研究成果が普遍的に多くの人に興味を持たれる分野と、特定の国や地域に関心のある人にしか興味を持たれない分野の二つがあることを意味している。このことを具体的に述べると、理論研究はどの学術誌にも掲載可能であるが、(1)のAERに関しては、実証研究はアメリカ人しか興味を持たないだろうから、アメリカ経済の実証研究しか掲載されない可能性が高い。わかりやすい例を示せば、先程例示した日本経済学会の機関誌である*Japanese Economic Review*は日本経済の実証研究を掲載しようとし、セネガル経済やチリー経済の実証研究はよほど質の高い論文でない限り出版に消極的だろう、という意味である。

日本人の数理経済学者は普遍的に関心の持たれる内容の研究成果を出版しようとしたので、世界の学術誌で多く出版できるのである。AERを筆頭にして他の学術誌で出版の少ないのは、ここで述べた事情の作用する面があった。以上をまとめれば、日本の数理経済学者は日本の実証・政策研究者よりも出版にやや有利であった。とはいえ、日本の数理経済学者の優秀さを否定する気はまったくないし、むしろその世界での大活躍に敬意を抱いているし、誇りにも思っている。日本の実証・政策研究者が弱いと評価されるなら、ここで述べた実証・政策研究の不利な面もあるということを記した次第である。

Ⅱ 戦後のマルクス経済学の隆盛

戦後になってマルクス経済学が復活し、かつ大学の経済学部でマルクス学者が優勢になった理由を既に詳しく述べた。ここではマルクス経済学がどのような研究を行い、どのような成果を上げたかを中心にして考えてみたい。

日本のマルクス経済学では講座派と労農派の対立のあったことも既に述べたが、その対立を無視すると、基本的にはマルクス経済学は資本主義を否定するか、あるいは懐疑的な立場を保持したのは一貫していた。換言すれば、資本主義では労働者は資本家・経営者に搾取されるとか、中小企業は大企業と比較して不利な状況にいる、小規模の農業や商業に従事する人にも同様に恵まれないと理解して、それら弱者を強くする政策を主張したのである。それら弱者の立場の現状を理解するために、マルクス経済学は様々な分析や研究を行って、資本主義の弱点を明らかにして、それを公表するようにした。ここでどのような研究成果があったかを把握しておこう。

第一に、まずは近代経済学の矛盾点を明確にして、マルクス経済学の方が理論として優れているということを主張するようになった。それに関した研究としては、例えば既に言及した岸本誠二郎・都留重人編による『講座・近代経済学批判』(一九五六－五七年)があり、近代経済学の成立、思想、体系を根底から批判して、マルクス経済学では独占理論、産業関係論、景気循環論、恐慌論などの分野で優位に立っていることを示そうとした。興味ある点は、近代経済学で開発された分析道具を用いて、それを逆に批判的に摂取しながらマルクス経済学による解析力の方が優れていると示したのである。特にマルクス経済学の特色は井汲卓一で代表されるように、恐慌論や帝国主義論を強調して、資本主義が高度に発展すると国内外に経済は恐慌に陥り、対外的には帝国主義に向かおうと主張した点にある。文献としては、井汲卓一編『現代帝国主義講座』(一九六三年)全5巻がある。

第二に、マルクスが『資本論』を出版して以来、マルクス学派の形成がどのような過程で進んだかを、歴史的に検証するのが日本の経済学者の好みであった。これは『資本論』がどのように生まれたかを細かく検証したり、『資本論』の中味がどのようなことを具体的に主張しているかを解釈論として細かく吟味したり、それがどのように外国に普及したかを調べたり、時にはマルクスやエンゲルスの人間特性からの分析をも行うことがあった。代表例としては、久留間鮫造編『マルクス経済学レキシコン』(一九六八-九五年)全一六巻、あるいは佐藤金三郎ほか編『資本論を学ぶ』(一九七七年)全5巻がある。さらに広松渉の『マルクス主義の成立過程』(一九六八年)も忘れられない。これらの研究は『資本論』やマルクス経済学を正確にかつ細かく理解するには役立つが、ときには訓詁学の罠に陥ったとの批判を受けることもあった。換言すれば、木の枝ばかり見て木の幹を見ないとか、重箱の隅をつついて『資本論』を読もうとしているとの批判である。『資本論』をバイブルのようにみなす姿はマルクス経済学者として自然かもしれないが、本質を失うリスクが多少あったとも言えよう。

むしろ筆者は赤間（一九九九）が述べているように、次に紹介する研究はマルクス経済学の存在意義を高めたように思える。具体的にどういうことかと言えば、第一に「市民社会派」と称してもよいマルクス主義運動と、第二に、置塩信雄をはじめとする近代経済学の分析手法を用いてマルクス経済学を新しく解釈をしようとする試みである。これは現代では数理マルクス経済学、あるいは分析的マルクス経済学と称してもよい分野の登場である。できるだけ思想のドグマから離れて、マルクス経済学を客観的に分析する試みと言ってよい。

まず第一の「市民社会派」について述べてみよう。イデオロギーのドグマから離れて、マルクス主義の考え方を民主的にかつ平和裏に、すなわち革命なしで社会に定着させようとする動きである。出発点は内田義彦にあるとされるが、ここでは代表選手として平田清明、長洲一二などを指摘しておこう。平田は名古屋大や京大での経済学者であった。代表作には『市民社会と社会主義』（一九六九年）、『経済学と歴史認識』（一九七一年）などがある。

長洲は横浜国大の経済学者であったが、学界を離れて後に神奈川県知事になって「市民社会派」的な政策を実践しようとした。マルクス経済学で知事になった人に美濃部亮吉がいるが、「市民社会派」的な顔はさほどないし、橘木（二〇一八）で相当詳しく美濃部を論じたので、ここでは長洲一二を考えてみたい。

長洲は時には「構造改革派」と呼ばれていることもある。長洲には『国際化時代の日本経済』(一九六五年)、『構造改革論の形成』(一九七三年)という著作があり、自著のタイトルから「構造改革派」という名称が与えられた可能性がある。日本は高度経済成長期を経て資本主義はある程度の成功を収めたのであり、マルクス主義の教条主義による反資本主義運動には国民の支持が集まらない現状が目立ってきた。

そこで長洲は良好な経済政策の導入によって、過去にマルクス経済学者の恐れた恐慌などは発生していないし、社会福祉や社会保障の充実は労働者や低所得者の生活をどん底に落とすような事実を発生していない。しかしそれをもっと高度化した社会主義体制にするには、政府の政策をもっと「人民に向けた」ものにして、民主的にかつ平和裏に資本主義を変換させるのが可能であるとした。筆者の長洲解釈は、社会民主主義の国家にすることが社会主義の国への道、と考えたのではないだろうか。ここには教条的マルクシズム、もう少し具体的にはレーニンやスターリンらの革命や恐怖政治からの決別である。

次に置塩信雄の経済学である。名門の神戸商業大学(現・神戸大学)で学び、かつ同大学で教授を務めた。置塩は思想的にはマルキストであった。市街でのデモには参加するし、政党も恐らく共産党支持だったと思われるので、正真正明のマルクス経済学者であった。ところが置塩は近代経済学者の集まる日本経済学会(置塩の頃は理論経済学会と称されていた)の会長まで務めた人なので、近代経済学上での研究業績はあると認められていたのである。

ではどのような仕事をしたかに注目してみよう。置塩は何度も本書に登場する森嶋通夫と交流があり、近代経済学の理論、そしてそれを理解するための数学の必要性を森嶋から学んでいた。そして自分でもこれらを勉強して、その学識を生かせる域まで達していた。従来はマルクス経済学の専攻者だった置塩なので、マルクスの考え出したいくつかの定理を自分で再評価したいと思ったのである。

そこに登場したのがマルクス経済学上の重要な定理の一つ、「資本主義経済においては、利潤率が正であるためには、労働者への搾取率が正であらねばならない。すなわち労働者は常に資本家によって搾取される。そして、利潤率は長期的に低下さぜるをえなく、いずれゼロになって資本主義は崩壊に向かう」という、誰でも知っている定理を再考察したのである。そこで置塩は数学の知識を駆使して、後者の定理、すなわち利潤率の低下予測に対して、賃金率が一定でしかも技術進歩があれば、必ずしも利潤率は低下せず、むしろ上昇の可能性があると証明したのである。置塩の英文論文はドイツの学術誌、*Weltwirtchaftliches Archiv* に、"A Mathematical Note on Marxian Theorems" と題して一九六三年に公刊された。筆者も一昔前にこの論文を読んだが、それほど高級な数字を用いておらず、素直に読める論文であった。

この置塩の論文は世界の経済学界で注目を浴びた。不幸にして当時の世界ではマルクス経済学は主流ではなく、近代経済学が圧倒的な優位にいたので、大多数の経済学者に興味を持って迎えられたのではない。しかし一部のマルクス経済学者は、予想だにしない日本から通常のマルクス経済学が認定している定理に反証を呈示したのであるから、驚きと賞賛をもって迎えられたのである。特に英語によって書かれて外国の学術誌に掲載された、日本のマルクス経済学者による、おそらく最初の論文になると思われる。

以上が数学を応用して世界のマルクス経済学者に与えた好効果であるが、国内においても影響力のある主張がマルクス経済学者、あるいはそのシンパからなされた。

その第一は、既に述べた日本経済における二重構造問題である。二重構造の命名はマルクス経済学者の有沢広巳であった。大企業と中小企業の間で大きな格差があり、それは利潤率、賃金、生産性、資本力などについて観測される事象である。近代経済学者である篠原三代平や尾高煌之助なども分析した特色であることは既に述べた。マルクス経済学者の方が貢献度は高いのでその伝統をここで述べてみよう。特に中小企業の現状を詳細に分析したのであった。その代表者は中村隆英、宮崎義一、中村秀一郎、清成忠夫などである。経済統計を駆使しながら数字によって大企業と中小企業の格差を抽出するやり方と、数多くの中小企業へのフィールドワークを重ねて現状を明らかにするという、二つの方法があった。さらに、こうした二重構造や格差を研究する経済学者においても、二つの解釈の仕方があった。一つはこの格差はどうしようもない、かつ避け難いものとみなす一派と、他方では中小企業もかなり頑張っており、必ずしも同情されるべき現状ばかりではなく、ダイナミックな生産・販売活動を行っている企業もある、とその存在を容認する一派があった。

前者に関しては、統計を検証しながら数字を用いて二重構造なり格差を論じる人に多く、それは近代経済学・マルクス経済学を問わずであった。後者に関しては、フィールドワークを中心にして中小企業の現状を見てまわる経済学者に多く、元気な中小企業の姿を報告して、読者に希望を与えるような効果を持つ研究が多かった。代表的人物には、中村秀一郎と清成忠男の両氏を挙げておこう。

ついでながら企業のフィールドワークに関しては、小池和男の功績も見逃せない。小池は日本の製造業の現場を丹念に調査して、日本の工場ではなぜ不良品が少なく、かつ質の高い生産品を作っているのかを、労働者の働き方と工場管理の両方から情報を得て、見事な研究成果を提出したのである。その代表作として『職場の労働組合と参加──労使関係の日米比較』(一九七七年)がある。

マルクス経済学者あるいはそのシンパの経済学者による貢献の第二番目は、資本主義が内在的に保持する欠陥、あるいは悪い効果をもたらすのは何かということに注目して、資本主義批判を展開する意図の記述である。ここではその代表者として、宮崎義一、都留重人、宮本憲一の三名を取り上げておこう。宮崎の思想はマルクスであるが、近代経済学の手法を用いる人であった。都留も教育はハーバード大学の大学院なので、経済学者としての分析手法は近代経済学であるが、思想はマルクスに限りなく近かった。宮本の訓練はマルクス経済学であるが、近代経済学にはほとんど関心を寄せないマルクス学者であった。繰り返すが三人ともに資本主義経済に否定的な態度を取ったし、資本主義のもたらす悪影響の効果を除去する政策を考えた。

宮崎義一から始めよう。東京商科大（現・一橋大学）で杉本栄一・都留重人に師事したことから、近代経済学ないしマルクス経済学のどちらかにも偏らない主義をとったのは、よく理解できる。

宮崎の仕事は日本の企業集団を資本、金融、労働、そして親会社と下請け企業、という側面から分析して、企業集団の経済的特色を統計を用いて、ていねいに把握するものであった。主著は『現代日本の経済機構』（一九六六年）である。旧時代との関係にも注意を払いつつ、企業集団の中での支配者と被支配者の関係を明らかにしたのである。この発想は大企業、特に企業集団の中の都市銀行の支配力を明らかにし、金融資本の強さを前面に出すことにつながったので、マルクス経済学的発想に近いと言ってよい。すなわち、マルクス経済学が主張するように、資本主義が金融資本によって支配される特色を、日本企業のデータを用いて実証したのである。

もう一つ宮崎の貢献として挙げられるのは、日本企業はバーリ・ミーンズの主張するように、所有と経営が分離している点を確認したことと、企業間による株式持合がそれを支援する一つの特色であると示した点にある。

繰り返すが、宮崎は膨大な企業データを紙面に移し書きし、それを基に当時の電卓を用いて細かい計算を重ねて、上で述べたように統計データの解析結果を主張の根拠にしたのである。これらの大作業を宮崎が京大経済研究所に在籍していたときに筆者は目撃していた。筆者などのようにデータはフロッピーに入力されており、かつコンピューターを使うのに慣れていた者からすると、宮崎の研究方法はとてつもなく時間を要する大作業だなと見ていた記憶がある。筆者よりも二四歳も年上であった宮崎に速い計算を期待するのは無理であったろうと思える。

本題を宮崎の業績に戻すと、資本主義は産業構造として結局は独占、寡占の状態になるという事実を明らかにした、ということになる。これもマルクス経済学の言う独占資本主義に他ならないのである。独占ないし寡占という産業構造は企業に過大な利潤を与えるのと引き換えに、消費者は高い価格の商品を買うことになるので、よろしくないという価値判断を宮崎はにじませていた。これもマルクス経済学の発想に近いと言える。

次は都留重人である。都留は何度も既に登場したのでここでは簡略にすませる。日本が高成長経済を成し遂げた結果、生活水準の向上があったことは確かであるが、高成長経済は社会に様々な弊害をもたらせた、と都留は主張したのである。特に高成長経済は環境汚染の原因となることに注目して、経済成長そのものに目標を置く政策に反対の声を都留は示すようになった。経済活動が活発になると外部不経済が働いて、環境問題が深刻となり、人々の生活の質が侵されるという主張であるその思想は『公害の政治経済学』(一九七二年)、「高度成長論への反省」『都留重人著作集　第四巻』(一九七五年)などに記載されている。

最後は宮本憲一である。大阪市立大学に在籍していただけに、宮本は宮崎・都留の二人よりもマルクス経済色が強い。宮本の関心は、都留重人や宇沢弘文と同様に環境問題であった。さらに公共部門の役割を重視することによって、社会に発生する諸問題、すなわち住宅の劣悪さ、交通渋滞、物価高、そして環境問題などを克服するには、公共政策が大切であると説いた。いわゆる公共政策を用いることによって、ここで述べたような弊害を除くために公共部門の役割を重視したのである。この主張は『社会資本論』（一九七六年）にまとめられている。

Ⅲ なぜ近代経済学とマルクス経済学は交流がなかったのか

一九六〇～八〇年代、近代経済学もマルクス経済学も元気があった。そのためかどうか両者間の交流はさほどなく、二つの独立した経済学が独自に走っているような印象が強かった。その現状と理由についてここで検討してみたい。

近代経済学には理論経済学会（後に計量経済学会と合併して一九六八（昭和四三）年に理論・計量経済学会となり、その後一九九七（平成九）年に日本経済学界と改称した）があり、マルクス経済学には経済理論学会があった。両者は、「理論」と「経済」が逆順序になっていることに留意されたいが、深い意味はないとみなしてよい。一人の経済学者がどちらかの学会に属して他の学会には属さず、学会に参加して発表や討論をするのも、自分の学会でのみという経済学者がほとんどであった。稀に既に紹介した置塩信雄のように両方の学会に属した人もいたが、正に稀であった。

なぜこのように二つの経済学が個別に存在して、両者の間で交流がなかったのであろうか。いくつかの要因を列挙できる。

第一に、両者の間に信ずる経済思想や政治思想に差があるので、対話の成立する可能性が低い。近代経済学は自由主義経済（あるいは資本主義経済）を信奉するのに対して、マルクス経済学は社会主義経済（あるいは計画経済）を信じるので、政治の世界や議会では左右の政治家が自説を述べて激しい論争を行うが、学者同士がそれを行う機会はない。敢えて言えば、自由主義経済と社会主義経済のどちらが好ましいかを議論する場があればよいが、双方の学会ともにそのような機会をつくろうとしなかった。

第二に、それぞれの学派に分析手法の違いがあり、自分の学問の分析手法だけに詳しく、相手の分析手法を学ぼうとする意欲に両者が欠けていた。例えば近代経済学であれば数式を用いて、需要関数、供給関数、所得決定式、フィリップスカーヴなどが登場するが、マルクス経済学であればそのような関数が登場することは少なく、現実の経済を数式モデルで説明するようなことはさほどない。すなわち経済の解釈において分析道具が異なるので、どちらも相手側の分析手法になじもうとしない。

これに関してであるが、専門用語や理論の違いも大きい。近代経済学では限界消費性向、BLUE推定値など多数があるし、マルクス経済学にも搾取論、恐慌論、など近代経済学者にはなじみのない理論があり、双方にとって取組みの困難さがある。

第三に、第二の延長線上になるが、近代経済学は数学、統計学、それも高度な水準の数学、統計学を用いることが多い。不慣れなマルクス経済学者はそれらの書物や論文を読もうとしない。一方で近代経済学者の方は、マルクス経済学の書物や論文は経済合理性を解明するのではなく、ドグマに満ちた思想にとらわれたことを書いているとして、読む前から先入感を持ちがちで、結局は読むことをしない。

第四に、近代経済学内、マルクス経済学内のそれぞれに、異なる学説や経済思想、分析手法ごとのグループがあった。マルクス経済学には、講座派、労農派、宇野派、市民社会派、構造改革派、分析的経済学派などがあった。近代経済学には後に述べることであるがケインズ派（政府の役割重視派）と新古典派（市場主義派）の対立は結構深刻であったし、分析道具として数学・統計を重視する派と、非数学・非統計派の違いも無視できない。これらグループの存在は、グループ間の論争に時間を奪われることがあったし、ましてや他の学派（すなわち近代経済学かマルクス経済学）の中のグループと対話や交流を期待するのは無理な点のあることは容易に想像できる。

第7章 近代経済学の全盛とマルクス経済学の衰退

I 近代経済学の全盛期

初期のケインズ

前章で日本の数理経済学者が大活躍した事実を述べたが、数理経済学以外にも経済学の分野は多数ある。研究成果を英語で発表するのかそれとも日本語か、書物の形式かそれとも論文の形式かという差がある。さらに日本では新聞、週刊誌、月刊誌、最近ではテレビといった媒体での発表機会がある。後者を学術的な仕事としてみなしてよいのか、様々な意見がある。これらの話題を念頭におきながら、近代経済学者の研究を概観しておこう。時代としては高度経済成長期後半から現代までを対象とする。

一九五〇~七〇年代は日本の数理経済学者（森嶋通夫、宇沢弘文、根岸隆など）が英文学術誌で活躍した時代であったが、同じ時期にケインズ経済学、広くはマクロ経済学、そして経済政策のいくつかの分野において日本の経済学者が目立った活躍をした。ただし、数理経済学のように世界に向けて英語で発信したのではなく、一部を除いてほとんどが日本語であった。日本経済の話題であれば別に英語で発表せずに日本語でも十分効果があるので、英語でないことに問題はない。

マクロ経済学の出発点として、ケインズ経済学に、貯蓄・投資の決定式と流動性選好の決定式（学問的にはIS－LMカーブ）の二つの交点で、国民所得と利子率が決定される理論がある。その後のケインズ型マクロ計量モデルについては既に述べたので、ここではこれらマクロ変数の決定論以外に、日本では異なる分野における評価のあったことを述べておきたい。これについては、日本の経済学史を深く研究してケインズ経済学を評価した池尾（二〇〇六）に依存する。

ケインズ経済学の日本での導入は戦前に遡るので、先程は高度経済成長期以降と述べたが、少し時代の針を戻して戦前に考察を向ける。ケインズには『一般理論』（一九三六年）に先立って、一九三〇年に『貨幣論』という著作があった。日本では『貨幣論』への関心の方が高かった。例えば鬼頭仁三郎は翻訳者でもあったし、「ケインズ狂」と呼ばれたほどの貨幣論の信奉者であった。『一般理論』は財市場と貨幣市場の均衡に注目したが、『貨幣論』では財市場の貯蓄・投資の均衡を考慮せず、貨幣の需給均衡のみから物価や利子率はどう決まるかを分析したと言ってよい。明らかに六年後に出版された『一般理論』では貯蓄・投資の均衡も考慮されるので、『貨幣論』は貨幣市場の均衡の基本方程式を提案して、後の理論への橋渡しになったと理解しておこう。

高橋是清(一八五四―一九三六)と石橋湛山(一八八四―一九七三)

ここに高橋と石橋という二人の首相にまでなった政治家が登場するのは意外かもしれないが、ケインズ経済学はマクロ経済学の経済政策を日本で応用しようとした人なので、避けることができない。ちなみに第二次世界大戦前と戦争中のアメリカ大統領であったフランクリン・ルーズベルトも、ケインズ政策を実施した政治家として有名である。ルーズベルトについては橘木(二〇一八)に詳しい。

高橋是清は数奇な人生を送った人である。若い頃は明治維新前にアメリカに行き、それこそ苦しい波乱万丈の生活を送った。帰国後は得意な英語を活かし、教員生活を送った後は官僚となった。その後、大蔵省で勤務後に日銀総裁、大蔵大臣、そして首相にまでなった大物政治家である。最後は有名な二・二六事件で凶弾に倒れた。

高橋は何度かの大蔵大臣、首相在任中に不況政策として金融緩和、そして特に財政支出の増大策を実行したのである。そして財政赤字の増加を覚悟した国債の日銀引き受けまで行ったのである。ここで重要な役割を演じたのが同志社中学(現・同志社大学)出身の日銀にいた深井英五であった。旧制中学卒にすぎない深井は、帝国大学出身者が幅を利かす日銀において総裁にまでなったのである。彼の経歴と経済政策については橘木（二〇一二a）に詳しい。英語力と経済学の両方に抜群の実力を発揮した人である。

高橋のケインズ的経済政策に関しては深井のアドバイスが大きかったことは中村隆英による『昭和経済史』（一九八六年）に書かれている。政治家である高橋は英語に強かったし、経済学にも関心が高かったので、ケインズ経済学の知識はあったろうが、ブレインである深井の貢献は大であった。政治家は政策決定するのが役割であり、アドバイスをブレインから受けた事実は何も高橋の功績に傷をつけるものではない。橘木（二〇一八）では、実はルーズベルト大統領もそうであったと示されている。

もう一人の政治家は石橋湛山である。早稲田大学を卒業後に東洋経済新報社で経済ジャーナリストとして論陣を張っていた。池尾（二〇〇六）が細かく紹介しているように、ケインズの『平和の経済的帰結』（一九一九年）に触発されて、平和外交を終生の主義とする。第一次世界大戦でドイツが敗戦するが、勝利国である連合国側はドイツへの戦争賠償を多大に要求したのに対して、ケインズの主張は反対論を説いたのである。

石橋はこの経験からケインズの愛好家となり、経済ジャーナリストとしてケインズ経済学を勉強したのである。しかも政治的にはリベラリストとして発言をしていた。戦後になって政治家となり、通商産業大臣を経て、一九五六（昭和三一）年にはとうとう首相になった。ただし病気によって短期の在職であった。石橋の経済政策の歴史を振り返ると、一貫してケインズ的に有効需要政策、あるいは福祉国家への道であることに気が付く。しかも対外政策は有名な「小日本主義」を主張して、大国になって外国を侵略するとか、世界の覇権を握ろうとするな、といった平和主義を好んだのである。正直に告白すれば、ケインズ派、福祉国家派、小日本主義などは筆者の琴線に触れる政治家であった。経済学者として学術論文や著書を多く出版した人ではないが、経済ジャーナリスト、政治家としては一世を風靡した人であった。

ケインズ・マクロ経済学と経済政策の定着

日本ではケインズ経済学の真髄を『貨幣論』におく理解が強かったことは既に述べたが、アメリカにおけるケインズ評価がローレンス・ロバート・クラインによる『ケインズ革命』(一九四七年)に後押しされて、貯蓄・投資の均衡によるＩＳ曲線、流動性選好説によるＬＭ曲線の交点で決まる所得と利子率の決定論が、はるかに高く評価された。これに関しては、ジョン・リチャード・ヒックスの*Ecorometrica*に掲載(一九三七年)された"Mr. Keynes and the 'Classics': A suggested Interpretation"が大きく貢献した。この論文は、後になって批判を受けたし、ヒックス自身も誤解を与えた論文であったと反省を示したのであるが、当時は難解なケインズ『一般理論』をＩＳ－ＬＭカーヴで容易に理解するのに役立った論文であった。

筆者はこれに加えて、ヒックス・サミュエルソン型のケインズ経済学における景気循環論の出発点となったモデルが、ケインズ経済学の発展に尽くしたと考える。いわゆる乗数理論（投資の増加が有効需要を刺激して、将来の所得の増加にどれだけつながるかを示した理論）と加速度原理（所得の増加がどれだけの投資の呼び水効果につながるかという理論）を接合させて、景気循環のメカニズムを定差方程式を用いて説明した理論である。最初はポール・サミュエルソンによって定式化され、後にヒックスによって俗に言う「循環的成長」論につながったのである。

この景気循環論の理解により、不景気時に財政・金融政策の発動によってどれだけ家計消費と投資（私的と公的の双方）という有効需要を増加させればよいか、逆に好況期にはどれだけ減少させればよいかの理論が明確となった。それらのために租税政策や金融政策の手段が考えられた。例えば増税や減税、あるいは公共投資の増加といった財政政策、金利の上昇や下降ないし、種々の金融緩和か緊縮かといった金融政策が主張されるようになった。

では、景気対策として金融政策と財政政策を比較すると、どちらがより重要かというのが論点となる。金融政策であればいろいろな方策（例えば公定歩合の操作や量的規制など）があるが、金利の変更による設備投資の変動に関しては、投資の利子弾力性がそう大きくないことから、ケインズは金融政策の有効性を否定はしなかったが、財政政策の方がより期待できるとした。この問題は後に開放経済か封鎖経済か、そして為替が変動制か固定制かに区別すると、金融政策と財政政策のどちらがより有効になるかが、ロバート・マンデルなどの貢献によって明らかとなった。

日本の高度成長の評価

ケインズ経済学の登場後、ポスト・ケインジアンとしてハロッド＝ドーマー理論が提唱され、経済成長論は近代経済学の重要な分野になったことは既に述べた。日本において官庁エコノミストの下村治で代表された高度成長論、政治の世界における池田勇人首相による「所得倍増計画」が成功して、日本経済は一九五〇年代後半から一九七三年まで、年率一〇％弱の成長率の高さを誇ったのである。

第二次世界大戦で破壊した日本経済は、戦後復興に成功してから高度経済成長期を経験して、一九七〇年代には先進国の仲間入りをするほどの国になった。この奇跡的な日本経済の成功に対して内外の専門家の関心が集まり、重工業化に成功した理由、効率的な経営のできた企業における資本と労働の役割、政府の果たした役割、外国との関係、等々多くの話題に関する研究が内外の経済学者によってなされた。

外国での研究のうちの代表例を示しておこう。それはヒュー・パトリックとヘンリー・ロソフスキーが中心となって組織した研究プロジェクトであり、一九七六年にブルッキング研究所がスポンサーになり、日米の研究者が十数人集まっての研究成果であった。日英両語での大部の研究報告が出版された。

日本においても数多くの研究所（大学と官庁）が高度経済成長の原因と結果について研究成果を出版した。代表例を挙げておこう。下村治『経済成長実現のために』（一九五八年）、金森久雄『強い太陽―日本経済の成長力』（一九六八年）、香西泰・荻野由太郎『日本経済展望』（一九八〇年）、小宮隆太郎編『戦後日本の経済成長』（一九六三年）、『現代日本経済研究』（一九七五年）、中村隆英『日本経済』（一九八〇年）、大来佐武郎『日本経済の成長と構造』（一九六一年）、篠原三代平『日本経済の成長と循環』（一九六一年）、『経済成長の構造』（一九六四年）、等々数多くある。ここに列挙した経済学者、官庁エコノミストは、当時の日本を代表する経済学専攻者の一群である。

ここで日本の経済成長の原因を詳しく論じることは本書の目的でもないので他書に譲り、ここでは主として成長をもたらしたのは国民の側の活発な経済活動の成果によるのか、それとも政府の政策が功を奏したのか、という対立点に関してだけ一言述べておこう。前者の主張は、当時の日本における諸特徴、すなわち高い国民の貯蓄率、銀行を中心にした間接金融制度によって企業側に潤沢な資金を提供、貧困から脱却したいと願う国民の高い勤労意欲、経営者の優れた経営能力、などに要約された。後者の主張は政府の低金利政策、保護貿易政策、政府金融機関による融資の役割、企業による外国技術の導入に政府が積極的に関与、固定為替（一ドル＝三六〇円の円安）の有利さ、などに要約された。

香西・荻野、小宮などは前者を支持し、中村や外国の経済学者（パトリック、ロソフスキー、チャルマーズ・ジョンソン）は前者を否定はしないが、後者の効果も結構有効であるとの主張であった。大来や金森は日本政府が何年かおきに経済計画を作成して、政府と民間部門が一体となって経済成長率を高める努力をしたという意味で、政府の役割を評価した。

筆者の意見はTachibanaki（1996）で示されたように、基本は国民と民間企業の旺盛な経済活動の成果であったという解釈をしている。とはいえ政府の役割を決して過大評価すべきではないが無視すべきではないという見方である。日本の経済計画に関する筆者の判断は、自由な経済活動が中心の資本主義国では経済計画がうまく機能することはなく、夢物語を示した装飾計画にすぎないと解釈している。

青木昌彦（一九三八－二〇一五）の日本企業論

高度経済成長をもたらした一つの重要な理由は、日本企業の効率的な生産と販売活動にあることは確実である。そこでこの高い効率性を探究して、経済学として新しい解釈を示して注目された理論を紹介しておこう。それは青木昌彦による一連の日本企業に関する研究である。

いくつか貢献があるが、そのうちもっとも独創性の高い理論は「制度の補完性」である。経済学に数学の一分野であるゲーム理論があるが、青木はこのゲーム理論を用いて、見事に日本企業の効率性の高さを説明したのである。

企業は財やサービスの生産に際して資本と労働を用いている。例えば分析道具として生産関数をY=F(K,L)と定式化して分析を始める。ここでYは生産、Kは資本、Lは労働である。資本は資本市場を通じて調達され、労働は労働市場を通じて調達される。日本の資本市場の特色は、①メインバンク制度と②株式持合制度、労働市場の特色は、③年功序列制度と④長期雇用制度で代表される。これらは中小企業よりも大企業においてより特徴的な現象である。特に大企業の効率性の目立つ日本企業なので、ここでは大企業を念頭においてよい。

①メインバンク制とは、企業は特定の銀行から最大の借入額を長期間保有し、②株式持合制とは、企業がお互いの株を保有し合う制度であるが、そのときにメインバンクが中心の株式持合主の役割を果たす。③年功序列制とは、従業員の処遇（賃金と昇進）が勤続年数によって決められ、④長期雇用制（ときには終身雇用制と称される）とは、一つの企業に従業員は長期間で働く、といった特色である。

「制度の補完性」とは、資本市場において①と②が同時に成立していることによって、資本市場は効率的に機能するし、③と④が同時に成立していることによって、同時に労働市場が効率的に機能していることを意味する。すなわち、同時に二つの性質が存在することによって、効率性が一つのみ存在するときよりもはるかに全体の効率性が増加する事実を、経済学では補完性が高まると考える。さらに、①と②を統合した資本市場、③と④を統合した労働市場において、同じく「制度の補完性」が成立していて、それが企業生産の効率性を高めるのである。

これらを別の言葉を用いれば、資本市場、労働市場ともに資本と労働の取引が長期にわたる契約の下に行われるのである。すなわち、すべての取引が長期間継続するのを前提にし、かつそれを実践する制度なのである。ここで補完性とは、二つの制度が同時に存在することによって、その効率性はさらに増加する特性である。この長期取引の特徴を持つ企業をＪ－企業、短期取引の企業をＡ－企業と命名し、Ｊ－企業の方がＡ－企業よりも生産性なり効率性なりの高いことを、青木は証明したのである。Ｊ－企業は日本企業を想定し、Ａ－企業はアメリカ企業の想定である。アメリカでは、労働者が頻繁に企業を移り、年功制はさほど存在しない。企業金融では銀行借り入れよりも株式調達が中心であるし、株式の持合制の存在はあまりないので、Ａ－企業では短期取引が中心にあるとみなしてよい。

日本企業の効率性の高さを「制度の補完性」で証明した青木の理論は、日本企業あるいは日本経済が高成長の時代という好調時を念頭にして生まれたのであり、日本企業が低成長時代に入った一九八〇年代以降には当てはまらない理論ともいえる。と同時に日本企業の特性が長期取引の特色から短期取引の特色へと移行したのであり、アメリカ企業の特色へと向かい始めた時期でもある。そこには長期取引よりも短期取引の方にメリットが多いと判断されるようになったのであり、企業、労働者、金融機関もそのような行動を取るようになったのである。

すなわち日本企業では労働者はかなり頻繁に企業を移るようになったし、従業員の処遇（賃金と昇進）も能力・実績主義に移行しつつある。金融面においてもメインバンク制は意義を小さくしているし、株式持合制もその程度を弱めつつあるのは、統計の物語るところである。青木が日本経済の絶頂期にふさわしい理論を提出して、世界の学界の注目を浴びたので、ノーベル経済学賞の声も上がったが、日本経済が低迷期に入るとその評価も無視されるようになった。ノーベル経済学賞の受賞を逃した青木は今は天国の人となっている。筆者は京大時代の同僚だっただけに残念至極である。

最後に、日本の生んだ最高の経済学者の一人である青木のキャリアと研究を簡単に紹介しておこう。東大経済学部時代はマルクス経済学を専攻した。青木が学生運動の一派としての「ブント派」の闘士のブレーンとして、人気のある演説や論文を書いていたことは有名だ。大学院に進学してからは近代経済学に転向し、その本家のアメリカに留学した。ミネソタ大学でPh.D.を取得した。

しばらくの間、スタンフォード大学やハーバード大学で研究をした後、京大経済研究所に戻ってきた。京大時代に行った研究は、既に述べた日本企業の研究であった。その後再びスタンフォード大学に戻り、そこでキャリアを終えた。スタンフォード時代での研究テーマは、中国、インド、東欧、中東などの地域の特性を考慮した比較制度経済分析であった。この分野でも質の高い研究成果を出し、この分野における創業者の一人として世界の経済学界において脚光を浴びたが、残念ながら志半ばで矢が尽きた。

財政政策について

ケインズは財政政策の手段として公共投資の役割を重視して、財源調達として財政赤字を容認した上で、国債発行による調達を主張した。当然のこととして減税や増税によって、家計消費や企業投資を刺激したり抑制したりする案もありうるし、現実の景気対策としてこれらの財政政策は実施される機会は多かった。

日本においてもケインズ型の財政政策が有効かどうかの研究はなされた。いくつかの例を示してみよう。第一は、ケインズ財政政策の普及に関して、財政政策の目的にはどのようなものがあるかを総括的に議論した書物として、リチャード・マスグレイブの『財政理論—公共経済の研究』(一九六一年)がある。すなわち、⑴最適な資源配分、⑵景気の安定策、⑶適正な所得再分配策、⑷公共財の提供、である。木下和夫を中心につくられた大阪大学財政研究会は、このマスグレイブの本を翻訳して日本の財政学者に大きな影響を与えた。阪大では木下門下の本間正明を筆頭にして数々の財政学者を輩出した。「近代経済学のメッカ、大阪大学」の面目躍如であった。

第二に、マスグレイブ風の財政政策を日本経済に当てはめて、その効果を数量的に分析した財政学者に石弘光がいる。一橋大学で学び、同校で長い間教授を務めて学長にまでなった経済学者である。石の仕事は『財政構造の安定効果』(一九七六年)、『租税政策の効果』(一九七九年)などにまとめられている。日本の公共投資政策、所得税や法人税の変化策などが、景気対策としてどれほど有効だったのか、所得再分配効果はあったのか、という論点を詳しく分析・評価した経済専門家であった。

様々な実証研究によって日本の財政政策にはある程度の効果のあったことはわかったとしても、一つの残された課題が日本のみならず世界の経済学界に残ったのである。残ったというよりも、かなり以前から認識されていた課題でもある。公共支出を増加させるために、国債を発行して財源調達すると、財政赤字が発生する。この財政赤字額が大きな額になると、様々な副次効果が発生するのは当然であり、その副次効果を考慮すると何が発生するか、という論点である。すぐに思い付く副次効果は、財政赤字の蓄積によって金融・資本市場において金融が逼迫して金利の上昇が発生する。現代のヨーロッパ経済、特にギリシャやスペインで見られたように、巨額の財政赤字によって金利が高騰し、投資が抑制されるので、当初の目的、すなわち景気の浮揚を逆に抑制する効果が働いた記憶が新しい。

この現象を経済学では「クラウディングアウト効果」として命名して、様々な理論・実証的な分析がなされた。ケインズ自身はこの「クラウディングアウト効果」は小さいとみなしていたが、最近の理論家の中には、これが発生するとの見解をする人が増加した。日本の経済学者がこの問題において理論的な面から貢献をしなかったが、実証面の検証は日本経済に関してなされた。

この「クラウディングアウト効果」に関してであるが、有名なディヴィッド・リカードの「中立命題」というのも似た話題としてあった。すなわち、国債を発行して財政支出を行うと、人々は将来に国債償還用として増税があるだろうと予想する。この支出準備のために人々は貯蓄をして増税に対処するだろうから、当初に期待された財政支出の増大効果は相殺されてしまうというのが中立命題の骨子である。古い時代に既にリカードが提起した課題であるが、一九七〇〜八〇年代は再定式化された。「中立命題」を支持したのである。

一九七〇〜八〇年代は経済思想として「合理的期待形成学派」が全盛期だったので、人々は将来の増税を予想するという意見が強かったが、人々はそのような合理的な予想をしないという意見もあった。アメリカの実証研究では「中立命題」への支持・不支持は様々であった。日本ではどうかといえば、例えば小林慶一郎・加藤創太による『日本経済の罠』(二〇〇一年)によると、財政赤字が巨額になることによって、人々は貯蓄の増加をするだろうと主張している。

金融政策について

ケインズ経済政策が第二次大戦後の二十数年間は功を奏して、ほとんどの資本主義国は経済繁栄を謳歌した。これには世界大戦による破壊から素早く立ち直るための復興策の成功もあったので、必ずしもケインズ経済学の成功のみに帰すべきではないのも事実である。

戦後の経済繁栄がやや影を落とし始めた(すなわち一九六〇年代)頃から、アメリカではケインズ経済学に対抗する思想が強くなりつつあった。それはミルトン・フリードマンを中心にするマネタリストの台頭であった。よく知られているように、ケインズ派は流動性選好理論に立脚して、貨幣供給量の変化が利子率の変化をもたらし、それが投資の変化を通じて実物経済に影響を与えると考えたが、マネタリストは貨幣数量説を信じる立場から、貨幣供給の変動は主として物価の変動に影響を与えると考えた。

マネタリストの経済思想の背後には、「自然失業率」への信仰があり、ケインズ流の総需要管理政策の発動によって失業率の変動を期待するよりも、市場原理の教える通りに経済の需給関係が作用して、失業率が適正な水準に自然に到達するメカニズムに期待した。ケインズ政策のような政府による有効需要政策に期待せず、物価水準の安定に寄与する貨幣供給の調整策を重視したのである。そしてそれが結局は実物経済の安定、あるいは時には成長に期待できるとしたのである。

このケインジアンとマネタリストの対立は経済学者の間でも大々的に見られ、代表としてケインジアンのポール・サミュシルソンとジェームズ・トービン、そしてマネタリストの代表としてミルトン・フリードマンが、学会での場や議会証言、マスコミなどの場で華々しく論争を重ねていたのは、アメリカで大学院生だった頃の筆者の記憶に生々しい。当然のこととして、学界内でもケインズ派とマネタリスト派の対立は激しく、それぞれの立場を支持するのと批判する書物や論文が多数公刊されたことは言うまでもない。

わかりやすい例を示そう。家計消費を増加させるために政府が所得税の減税を企画するとしよう。人々は近い将来に財政赤字を補てんするために、逆に政府は増税をするだろうと予想する。そうすると、初期の減税政策の効果に期待できなくなる。

これが正しいとすると、景気対策を政府が提案しても、その効果には期待ができないという結論に至ってしまう。そうすると政府は経済政策をやっても成功しないということになるので結局は何もしない方がよい、ということになる。この「合理的期待形成学派」の経済思想はマネタリストの思想と共鳴する点が多いので、学界内でも大きな勢力となったのが、一九七〇～九〇年代であった。

当然のことながら、日本でもマネタリストの信奉者はいたし、ケインズ派との対立も見られた。しかし既に論じられたように日本の経済学者や官庁エコノミストの間ではケインズ派の方が多く、当初はマネタリストが大きな学派を形成することはなかった。でも徐々にではあるが勢いを増したのも事実であった。

その代表として日銀を代表するエコノミストの一人であった鈴木淑夫を挙げておこう。彼は『日本の通貨と物価』（一九六四年）や『日本金融経済論』（一九八三年）などを出版して、日本の貨幣供給量と物価、成長の間に相関のあることを示して、日本でもマネタリストの考え方がかなり妥当すると主張したのであった。経済企画庁のエコノミストであった新保正二もマネタリストに立脚した経済分析を行っていた。

その中でマネタリストの牙城であるシカゴ大学で、ロバート・ルーカスを創始者とする「合理的期待形成学派」が出現した。この学派の主張の根幹は経済政策の発動が発表されると人々はその効果を打ち消すような経済行動に出るという合理的期待を主としていた。

ケインズ経済学支持論の低下

日本経済にとっての試練は一九七三（昭和四八）年頃に発生した中東戦争の勃発による石油危機によって、石油価格が四倍ほどに高騰したことによる高インフレーションの発生であった。それの抑制が大きな課題となった。ケインズ経済政策よりもマネタリストの思想による政策が好まれたのは自然なことであった。それは財政緊縮策、物価抑制策が二大目標となり、ケインズ的な政策の出てくる幕はなかったのである。

世界の先進国を見渡せば、インフレーションと不景気の並存というスタグフレーションの世界に入っており、物価高と失業率高という二重苦の世界に突入していた。ケインズ経済学の重要な柱であるフィリップス曲線（すなわち物価高と失業率は逆相関にあるとする見方）が成立していない経済なので、ケインズ経済政策に効果の期待できないのは明らかだったのである。ケインズ経済学への支持は低下の傾向を示すのであった。

もう一つケインズの人気が低下するようになったのは、石油危機から逃れてなんとか日本経済が立ち直った後に、バブル経済という悪夢の世界に日本が突入した一九八五（昭和六〇）年から五年を経て、バブル経済の崩壊による長期不況に日本が見舞われたときに発生した。それは「失われた二〇年」と称されたように、低成長経済の日本では、失業率が高くなり、ケインズ型の財政政策への期待が高まった。政府もそれに呼応して、国債の発行による財源調達によって公共投資を増加させ、有効需要策をいくつもの内閣が採用したのであった。

しかしこの政策は成功せず、「失われた二〇年」はどこまでも続き、不況の克服は成らなかった。時にはマイナスの成長率の時もあった低成長率経済の継続であった。当初のケインズ経済学の想定した「乗数効果」が期待されたほど発生しなかったからである。その原因の一つとして、土地価格の高い日本なので、公共投資額のかなりの割合を土地購入に当てられることとなり、財の需要につながらなかったのである。現代に至って残ったのは巨額の財政赤字だけであり、先進国中で最大の対GDP比率の赤字となった。いずれギリシャやスペインのように経済破綻があるかもしれないという危惧がある。

このようにして日本においてケインズ経済学の地位が低下し、マネタリスト、合理的期待形成派、規制緩和、市場原理主義、小さな政府、といった思想を総合した新古典派経済学が主流となったのである。これは「失われた二〇年」の続いた一九九〇年代から二一世紀に入ってからの動向であった。マクロ経済政策の有効性を信じ、どちらかといえば大きな政府論の主張は少数派となった日本であった。

近代経済学の中にケインズ派と新古典派が並存したが、ここ二〇～三〇年は、新古典派が多数派である。数多くの経済学者がいるが、ごく少数の代表的マクロ経済学者だけを挙げてみると、小宮隆太郎、浜田宏一、伊藤隆敏、伊藤元重などである。経済大臣まで務めたことのある竹中平蔵は政策の実行に寄与した人として特筆しておきたい。少数派のケインズ論者として吉川洋は忘れられない。

活躍の目立った国際経済学

ここまで財政学、金融論、マクロ経済学などにおける戦後の近代経済学の流れを検討してきたが、少し時間を戻した時代（すなわち一九六〇年代）から始めて国際経済学を論じてみよう。国際貿易論は日本の経済学者が一般均衡論の存在と安定の問題、経済成長論で貢献した数理経済学に次いで、国際的に活躍した分野なのでここに記述しておこう。

本論に入る前に、なぜ日本の経済学者が国際経済論、国際貿易論、国際金融論といった外国経済との関係に関心を持ったかを考えてみよう。それは誰の目にも明らかなことで、島国の日本でありながら明治維新以降に外国貿易で生きてきた国の特色で説明できる。戦前では繊維、織物、軽工業品などの輸出と、鉄鉱石、石炭、石油などの原材料などの輸入であった。戦後になると軽工業品の輸出と、戦前での輸入品に食料が加わったのであり、その後は原材料と石油の輸入、重工業製品の輸出が主流となった。貿易が経済活動として重要なウエイトを占めたのである。貿易には為替や金融が関連したので、国際金融論に関心が集まるのは自然である。

戦前、そして戦後のしばらくの間、国際経済論で貢献した日本人として、喜多村浩と赤松要の二人がいる。これら二人の紹介は池尾（二〇〇六）に詳しく紹介されているので、それに依存する。喜多村は戦前にドイツに留学して、フリードリッヒ・リストの保護貿易論の伝統がある歴史学派の経済学を学び、それを基礎にしてドイツ語で『国際貿易理論』を一九四一年に出版した。初期の日本の経済学者が進んでドイツに留学していた伝統が、戦争直前まで続いていたことがわかる。既に紹介した金井延や福田徳三、中山伊知郎や東畑精一もドイツで社会政策や経済理論を学んだ。金井や福田は社会政策を、中山や東畑は一般均衡論や経済発展論を学んだ。喜多村はやや古い歴史学派の保護貿易論を学んだので、古典に郷愁を感じたのであろうと述べておこう。

喜多村のキャリアはユニークで一九三一年から四八年まで外国に滞在したので、国際感覚と外国語に強く、一九五七年から六九年までＥＣＡＦＥ（アジア極東経済委員会）に滞在して、国際公務員として活躍した国際人の先駆的な人であった。

もう一人は赤松要である。赤松も日本の伝統でドイツに留学した人である。帰国後は名古屋高商（現・名大経済学部）と東京商大（現・一橋大）で統計と工場の現場を細かく検証する研究を行い、後になって「雁行形態経済発展論」を主張することとなった。赤松は名古屋の工場を調査しながら、羊毛工業品の輸入、生産、輸出の姿を見てその新しい仮説の提供に至った。すなわち、日本には羊毛工業の基盤がなかったのでまずは完成品の輸入に始まり、それを詳しく調査・検分してから自社での生産を興すように起業する。さらには生産性を高める努力をして、外国に輸出できるようにする。このプロセスをグラフで画くと「雁行形態型」になることを赤松は発見したのである。これが一九三五（昭和一〇）年のことであった。

この「雁行形態論」を篠原三代平は戦後になって、'Flying-geese pattern theory'と英語で命名して紹介し、外国でこの理論が知られるようになったのである。赤松に続く後の人々、すなわち一橋大学での弟子であった小島清、それに国際派の官庁エコノミストであった大来佐武郎などが、外国でこの理論を宣伝に励むことも普及に役立った。日本人の経済学者が発明した経済理論が、外国で幅広く引用されるようになった最初の理論かもしれない。赤松の「雁行形態論」を知るにつけ、日本人学者の仕事が日本語だけで公表されるなら、世界では知られないままに埋もれてしまう、と再認識できる。本人が英語で書物・論文を書くのが望ましいが、まわりが英文に翻訳したり、引用や宣伝に励む必要性のあることがわかる。

第二の話題は国際貿易論に関して、日本の経済学者が続々と貿易理論の論文を国際学術誌に発表するようになった一九六〇～七〇年代である。池尾（二〇〇六）はアメリカという大国は貿易依存の国ではないので経済学者は貿易論に関心がないが、カナダ、オーストラリア、インド、日本といったまだ経済的には小国で貿易依存の高い国の経済学者が貿易論の論文を多く書いたとした。彼女の解釈は正しい。

筆者はもう一つの仮説を特に日本人に関して提案したい。それは貿易の経済理論は、リカードの比較生産費論、ヘクシャー＝オリーン定理、ストルパー＝サミュエルソン定理などがあるが、すべての定理の証明が生産関数、需要関数といった定型化された数式を用いるのであり、数学の得意な経済学者にとっては取り組みやすい分野であることが大きい。さらに、財政や金融の問題であれば当該国の現状をよく知らないとモデル化できないが、貿易論に関しては二国二財二生産要素モデルと呼ばれるように、無名な国の貿易を考えるし、比較的簡単なモデルなので、数学に強い人にとっては解析しやすいのである。しかも日本人にとって英語で書きやすい理論の論文で占められていることも幸いした。

ここでどのような経済学者が貢献したのか、誰がどのような仕事をしたのかを示さずに、名前だけを記しておこう。宇沢弘文、根岸隆、天野明弘、稲田献一、高山晟、小宮隆太郎、浜田宏一、上河泰男、佐藤隆三、大山道広、三辺信夫、等々(順不同)一〇名を超え、多士済済である。財政、金融、労働といった応用分野との比較では、国際貿易論が群を抜いて国際的に理論の論文出版として活躍したのであった。

大学の経済学者、官庁エコノミスト、民間のエコノミストの役割

ここまで様々な経済学の専門家の名前が登場してきたが、所属先や期待される役割の異なる

人々がいるので、それぞれの役割を中間のまとめとして論じておこう。それらの専門家とは、大学で研究と教育に携わる人、官庁に属して経済政策の立案を行いながら論文や書物の出版をも行う人、そしてマスコミに属して、新聞・雑誌・テレビ・書物などで経済評論と独自の調査・研究をやっている人、というのが代表的な三種である。

まず第一の大学に属する経済学者である。専門の論文や書物を出版するのが第一の期待なので、通常は大学院までの教育を受けて高い専門性を得ている。日本人では日本の大学院だけではなく、英米などの大学院でPh.D.（博士号）を取得した人もかなり多い。教育に時間を奪われる人もいるが、自由な時間が多いだけに研究成果への期待は一番高い。

専門性の高い研究雑誌に論文を掲載するのが目標である。レフェリー制（審査制）のある学術誌が最高の目標である。日本の数理経済学者と国際経済学者がこれらの活動をしてきたのは既に紹介した。これらの活動で成功した経済学者が一流であるとの評価がなされる。これらの活動を行うのはマルクス経済学者にはほとんど存在せず、近代経済学者だけに与えられた可能性である。しかも日本人にとって外国の研究雑誌に投稿できるのは、英語で執筆しやすい数学や統計を用いた分野であることを再述しておこう。

日本の経済学者の活躍ぶりは池尾（二〇〇六）、橘木（二〇一四a）で報告されているので詳細はそれに譲る。ここではこういう学術誌に投稿しない人、あるいは投稿しても掲載を断られる人はどこに研究を発表するのか、を述べておこう。それは各大学で出版されている「紀要」あるいは

「大学学術誌」での出版となる。通常はこれらの紀要は投稿すれば無審査で出版されるのが伝統である。しかも非常に数多くの紀要が日本の大学には存在するので、ほとんどが誰にも読まれていないのが現状である。日本の大半の経済学者は、それは他の分野の学者も含めてであるが、学問の向上に寄与する研究を行っていないのである。

こういう状況をどう理解すればよいのか。橘木（二〇一五）では大学での経済学者には教育の役割があるので、たとえ研究に関しては貢献ができなくとも、教育で貢献しているのなら問題はない、と主張した。その背後には、研究も教育もしない人が日本の大学には多い、という事実が残念ながら存在するのである。

次は官庁エコノミストである。特に中央官庁での経済官庁に所属していて、経済政策の立案や調査を行っている人の一群である。大学の研究者のように研究論文の発表は期待されていないが、日本の経済政策の実行に際しては重要な役割を演じている。しかし時の内閣の政策に反対するような政策はなかなか提案できないし、調査のできない可能性がある。とはいえ逆に政府の政策を後押しするような書物や論文を発表する役割があるし、中には大変重要な仕事をして影響力の大きかった人がいるのが官庁エコノミストの世界である。本書でも例えば、下村治、大来佐武郎、金森久雄、香西泰といった名前を挙げた。

官庁エコノミストはスタッフ色あるいは専門職志向が強いので、官庁での地位としてトップに昇進することはない。官庁で次官や局長に昇進する人は、政治家と結びついて法律の制定や、政策の実施に貢献する人である。出世しないことは官庁エコノミストは納得済みであろう。大学教授に転身する人や、シンクタンクで調査・研究をやる人の出てくるのは理解できる。むしろ官庁内では調査・研究ばかりしておれず、日常の役所特有なルーティーンワークをせねばならないことに不満があるかもしれない。

官庁に関していえば、政府の政策に権威を与えるために、各省庁は審議会や研究会を組織する。そのときに大学の学者を委員として参加させている。この審議会の実質的な審議内容の決定は官庁が行うので、外部の委員は既に述べたように権威を付与するための参加という色彩が強い。こういう仕事に熱心な学者がいるが、そういう人に対しては「御用学者」という別名が献呈されることがある。

最後はマスコミの世界や民間シンクタンクにいるエコノミストである。彼たちの役割はジャーナリスティックな仕事をして、国民への啓発という役目を果たすことである。さらに、他の主体からの信頼に応じて、調査報告やアドバイスの仕事を行う場合が多い。研究という仕事への期待はさほどなく、ジャーナリスティックな活動と、企業活動の依頼調査の仕事がメインなので、人気のあるエコノミストに仕事の機会や発言の機会が多いという特色がある。大学の経済学者や官庁エコノミストにもジャーナリスティックな仕事の依頼はあるし、それに応じる人も結構いる。しかし学者の場合には、それに時間を奪われると本来の役割である研究と教育の犠牲がありうるし、官庁エコノミストの場合には、政府の政策の宣伝マンになってしまう可能性がなきにしもあらずである。

大学の経済学者、官庁エコノミスト、民間エコノミストの三者については、それぞれの人に期待される固有な役割がある。しかしこれら三者に対しては、自己に固有な仕事のみをするばかりではなく、他二者の行う仕事を同時にする人も少数ながら中にはいる。

Ⅱ マルクス経済学の退潮

マルクス経済学の生き残り作戦

前節で近代経済学の隆盛を語ったが、その頃のマルクス経済学は何をしていたのであろうか。学問的に言えば、近代経済学の一部の学者には国際的に水準の高い学会誌に続々と研究成果を発表したことによって、日本の近代経済学はすごいというイメージを経済学者、学生、マスコミなどが感じるようになっていた。同時に近代経済学者による日本語の書物も多く出版された。マスコミの役割は大切で、『週刊東洋経済』が「近代経済シリーズ」などの特集号を時折出版したし、同じ週刊誌の『エコノミスト』や月刊の『経済セミナー』、日経新聞の「やさしい経済学」や「経済教室」

などで、近代経済学者の論説が頻繁に公刊され、近代経済学者の世間での活躍が目立ったのである。

さらに現実の経済においても、'Japan as Number One'などと賞賛され、日本経済が世界の中で高い評価を得ると、日本の資本主義はうまく進んでいるのではないかと多くの日本人に思わせた。資本主義の役割をまがりなりにも前向きに評価する近代経済学への支持が高まったのである。逆に言えば、資本主義を否定するマルクス経済学者の論説は無視されがちであった。日本共産党系の経済誌である月刊誌『経済』は伝統のある出版誌であるが、地味な内容で多くの関心を集めなかった。

でもマルクス経済学者は指をくわえて近代経済学の隆盛をみているだけではなかった。地味とはいえ、マルクス経済学に関する著作は出版され続けたのである。前章において、マルクス経済学は、講座派、労農派、構造改革派、市民社会派などの諸学派があったし、『資本論』を訓詁学的に再解釈、再評価する執筆を行う学者が多くいたことを述べた。これらはマルクス経済学の発展においてマイナス効果を生んだことは否定できないが、それぞれの分派が自己の興味と信条に基づいて研究をしているのであろうから、その意義まで否定する気はない。

その一端は、宮崎義一による一連の寡占経済分析、中村秀一郎や清成忠男などの中小企業論、内田義彦や広松渉などの資本論やマルクス主義思想の成立過程に関する研究など、見るべき研究成果については既に言及した。

とはいえ、マルクス経済学が近代経済学に追いつかれ、しかも追い越されるようになった一つの理由として、日本経済の現状分析に対してさほど発言してこなかった点を指摘しておきたい。マルクス経済学者は、思想や理論、あるいは歴史に興味を持って、近代経済学者のように現状分析を行ってから望ましい政策論議にコミットするようなことに消極的であった。なぜだろう。

第一に、マルクス経済学者の大半は資本主義経済を否定して、革命などを起こして社会主義にしたいと思っている。もっとも今では日本共産党は革命までは主張しなくなっている。とはいえ、資本主義は矛盾だらけなので、早晩消滅の方向にあるとみなしているのであり、不況を筆頭にして資本主義の生む弱点を良好な政策によってうまく修正し、資本主義が再び強くなる姿を見たくないという気持ちがあるのではないだろうか。従って、資本主義の現状を分析して、弱点を見出した上で、政策を論じるといった仕事に関心を持とうとしなかった。その典型例を述べれば、一九六八（昭和四三）年に発生した八幡製鉄と富士製鉄の合併論議のとき、近代経済学者は反対論を主張したりして大きく議論したが、マルクス経済学者の多くは沈黙したのである。皮肉を言えば、巨大企業が合併して独占企業となり、いずれ倒産に向かって資本主義の崩壊に向かうことを期待したかもしれない。なお、近代経済学者がこの合併論議でどう対応したかは後に述べる。

第二に、日本の資本主義は大成功を収めて、世界の経済大国になりつつある姿を見て、マルクス経済学者の一部には、自分たちの信ずるマルクス経済学の価値が少し低下したかもしれない、あるいは繁栄の中での時代にはそぐわない経済学を勉強しているという気持ちがあったかもしれない。批判と反感を覚悟で言えば、注目のさほどされないマルクス経済学の理論や実証分析に執着するよりも、歴史や思想を勉強するのに生きがいを感じる人もいた。その証拠に経済学史や社会思想の専門家の中にはマルクス主義に共鳴する人がかなり存在したのである。極論すれば、マルクス経済学を捨てて近代経済学に転向した人も中にはいた。

第三に、この理由がもっとも妥当性のあるものと思える。それは経済の現状分析の手法として、近代経済学の方がマルクス経済学よりもふさわしいと思う人が出てきた。さらに、現実の経済を語るとき、所得、賃金、金融、財政、貿易などの諸分野で語られるときは、近代経済学のターム（例えば、有効需要、フィリップスカーブ、自然失業率などの多くのターム）が用いられるし、理論や実証、政策を論じるときも近代経済学の理論と分析手法にほとんど依存するようになっていた。マルクス経済学の理論のタームで分析したとしても、一般にはなじみがなくて無視されるようになっていた。換言すれば、近代経済学者と対等に議論ができなくなったのである。このようにして、マルクス経済学による経済分析は退潮の兆しを見せた。とはいえ生き残り作戦をいろいろ試みたのである。ごく一部は教条的なマルクス主義を貫き、一部は経済分析をあきらめて歴史や思想の研究に向かった。そして多数は静かに研究を続けながら、目立つことを避けることによる生き残り作戦を採用した。

それは日本の大学教授の身分保障に一つの原因があった。国立大学の教員は犯罪などというよほどのことがない限り解雇されないし、私立大学においても当時は身分保障が確保されていた。

大学進学率の上昇中の時代だったので、近代経済学、マルクス経済学を問わず教員の数は増加の中にあったからである。たとえマルクス経済学者が目立った研究をせず、しかも社会においてさほど注目されていなくとも、マルクス経済学者の数まで減少を要求する声はほとんどなかった。大学で両学派の平和共存が続いた時代だったのである。

最後に、生き残りに失敗した国の例を書いておこう。ベルリンの壁の崩壊に始まって、一九九〇年一〇月には東西ドイツの合併が発生した。西ドイツによる東ドイツの吸収合併というのが現実の帰結である。西ドイツは自由主義経済の国、東ドイツは社会主義経済の国だったのであるが、経済の強さに関しては東ドイツが圧倒的に弱かった。さらに、東ドイツの人は西側のように自由を求めたことも大きい。とにもかくにも統一は成功した。

東ドイツの大学ではマルクス経済学が研究・教育されていたのであり、統一後これを信じる経済学者の処遇に関して、想像を絶することが発生した。ドイツ政府はマルクス経済学者に対してマルクス主義を放棄しない限り、大学で再雇用しないと決定したのである。ドイツではほとんどが州立大学なので、地方公務員という姿での採用であり、公務員を政治と経済の信条で差別する方策なのである。個々の経済学者の対応は、マルクスを捨てて我々の言う近代経済学に転向した人、自己の信条に忠実でいたいため、再雇用されることを嫌って他の職業を選択した人など、様々であった。中には工場労働者やタクシー運転手になった人もかなりいた。

日本ではマルクス経済学者に対してこのような惨いことをする例は、戦前にはかなり見られたが、戦後になってはほとんどないと言ってよい。でも多くの社会主義国が一九九〇年代に消滅するに至って、日本の大学でもドイツのような強硬な策はとらなくとも、人の入れ替えは静かに進行した。

日本の大学におけるマルクス経済学の退潮

戦後の日本の大学では、近代経済学よりもマルクス経済学の方が優位であったことは何度も述べてきた。ところがマルクス経済学の研究よりも近代経済学の研究の方が優位に立つようになったのが、一九六〇～七〇年以降であったことも既に述べた。マスコミなどでも近代経済学者の優位が目立ってきたので、社会においても近代経済学への関心は高くなっていた。

その決定的な動向を決めたのが、一九八九年一一月のベルリンの壁崩壊に始まって、一九九〇年代における東ドイツ、東欧諸国、そしてロシアなどの社会主義国の崩壊であった。まずその動きはなんと大学で始まったのである。近代経済学優位の大学は少数であったが、マルクス経済学の優位な大学は多数であり、両者の均衡を保っている大学もあって、いろいろであった。多くの大学では、例えば重要な科目である経済学原論について、原論(A)と原論(B)と命名して、両方の経済学を教えるという平和共存策を採用していた。日本のトップ大学である東大経済学部もそうであった。学生は自分の意思で近代経済学かマルクス経済学のどちらを選択するのか、少なくとも機会は開かれていた。もっと重要なことは、教授に弟子入りするきっかけとなるか、あるいはもっと真剣に経済学を学ぶ場としてゼミナールがあるが、学生はどの教授が近代経済学者かそれともマルクス経済学者であるかをほぼ知っており、どのゼミの教授を選ぶかによって学生の関心がどこにあるのかがわかる。

一九九〇（平成二）年の東ドイツ消滅、そしてその前後における社会主義国消滅の影響は大きかった。学生はもとより、市民の多くが社会主義、あるいはマルクス主義が一気に世界の舞台から落ちたのを認識したのである。徐々に学生がマルクス経済学から離れ始め、近代経済学を学ぼうとする学生の増加である。教授がマルクス経済学を専攻するゼミナールへの希望者数が激減し、そういうゼミでは閑古鳥が鳴くようになった。さらに、企業が新卒大学生を採用するときに、マルクス経済学を勉強する学生を避けるようになったのである。

一昔前はマルクス経済学を専攻する学生は多かったのに、なぜ企業はそういう学生を採用してきたかといえば、特に事務系の社員に関しては、学生の頃は何を勉強しようがおかまいなしの雰囲気が企業で強かったからである。やや誇張すれば、何も勉強をしておく必要はなく、適当な頭の良さと一生懸命頑張る元気さがあればそれで十分とみなしていた。企業人としての訓練は入社後にしっかり行うという人事政策を採用していたのである。しかもたとえ経済学部でマルクス経済学を勉強した学生であっても、入社後に過激な労働運動や反資本主義的な行動をする人はほとんどおらず、入社後は猛烈なサラリーマンになる人が大半であった。

ところが世界において社会主義ないしマルクス主義が崩壊する姿を学生が見るにつけ、大学でマルクス経済学を勉強しても意味ないなと思うようになり、既に述べたように学生はマルクス経済学の諸科目を受講しなくなり、ゼミの教授としてもマルクス経済学者を選ばなくなったのである。一言で述べれば、マルクス経済学の人気の凋落と近代経済学のそれの急騰である。大学教員としてマルクス経済学者の余剰感が高まり、大学がそれらの人の数を減らして、近代経済学者を増加させようとする時代になったのである。

国立大学では公務員としての身分保障があったので、マルクス経済学者の解雇をするようなことはなく、そういう人が定年退職したときの補充、そして新規採用を近代経済学者に特化するようになった。私立大学では、国立大学よりも自由なので、この政策をより強固に行った。特に当時は私立大学の創設が目立った時代であり、新規採用者のほとんどが近代経済学者であった。あるいは新設の私立大学では官庁エコノミストや民間エコノミストの採用も多かったが、こういう人にマルクス経済学者はほとんどいなかったのは当然であった。

これまで述べてきたことをまとめれば、マルクス経済学者の大学での雇用者数や採用数を減らす事情が世界に発生したし、同時にマルクス経済学者の数が他の先進国と比較してはるかに多い日本の大学において深刻となった、ということになる。マルクス経済学者はそれに対応するために、種々の対策を取ったのである。例えば歴史や思想などの研究に主眼を移すとか、マルクス経済学の色彩の強い著書や論文の出版を控えて、悪く言えば無色透明の著作を書く人も増加した。

マルクス経済学者とみられる可能性を低下させた人もいたのである。

もう一つ重要な視点がある。それは将来経済学者になる学生、時に大学院生に関して、近代経済学専攻の人がマルクス経済学専攻の人より優秀さを顕示した姿が目立つようになった。大学としてもマルクス専攻者を好んで雇用・採用することはなく、進んで優秀な近代経済学者を雇用・採用したいと思うようになった事情である。これを東大経済学部を例に述べてみよう。

東大経済学部での動向

戦後の民主化路線の流れの中で、多くのマルクス主義経済学者ないしそのシンパが東大経済学部に戻ってきて、マルクス経済学が主流となった。多くの専門科目がマルクス経済学系となり、しかもゼミナール担当者の多くがマルクス経済学者となったので、教育を受ける学生も自然とマルクス経済学を専攻する学生が多くなった。数えられる科目数や先生の数がマルクス経済学の優位であれば、どうしてもそれらを学ばざるをえないという事情もあった。

もう少し皮肉を込めて具体的に言えば、学生の中にはマルクス経済学を学ぶ気はなく、むしろ近代経済学を学びたい人がいても、科目数や先生が少なければ不本意ながらマルクス経済学を学ぶしかなかった。卒業単位を確保するためであるなら、どのような科目を選択するのか、どのような先生のゼミナールに入るかは二の次で、官庁や民間大企業に就職するには東大は圧倒的に有利、ということだけに関心のある学生が少なからずいたと言ってもよい。もっと辛辣に言えば、学生が高校卒業後にどこの大学の経済学部に進学するかを考えるとき、その大学がマルクス経済学中心なのか、それとも近代経済学中心なのか、といったことはほとんど考慮外にあるといってよいからである。学生は大学の知名度、就職への有利度と卒業後のこと、入学難易度、学費などを見ながら、どこの大学を受験するかを決定していたのである。

一度だけでもある学派の経済学が優位に立つと、大学での後継者もその学派の人が採用される確率は高まる。なぜならば大学での教授会における人事案（誰を採用するかとか、誰を昇進させるかといったこと）は、教授会の構成メンバーの多数決（大学や学部にもよるが、普通は三分の二の賛成が必要）で決まるからである。大学の自治を尊重する意味から、人事案件は教授会の決定事項となっているのである。東大経済学部の教授会構成メンバーの多数派がマルクス経済学者であれば、新しく採用される教授・助教授もマルクス経済学者である確率の高くなることは、容易に理解できよう。現に東大経済学部はこの伝統がしばらく続いたのであった。

しかし、この伝統も高度経済成長期を終了する頃から微妙な変化を示すようになる。徐々にマルクス経済学者の数が減少し、逆に非マルクス経済学者（あるいは近代経済学者）の数が増加することになる。この傾向は現在まで続いて、今では近代経済学派が主流となり、マルクス経済学者はかなりの少数派となってしまったのである。なぜこのような変化が生じたのだろうか。いくつかの理由を述べてみたい。

第一に、日本が経済大国になりつつあったので、経済学も経済効率を追求する近代経済学の方が、資本主義の崩壊を予想したり、社会主義国で役立つマルクス経済学よりも、日本ではふさわしいのではないかと、多くの人が判断するようになった。

第二に、戦後の経済学の変化も影響があったことを述べておこう。戦後にマルクス経済学が隆盛の時期を迎えたが、この学派内で対立が生じることとなった。それは宇野弘蔵の学説から名づけられた「宇野理論」と、それに対抗する非宇野派の存在である。マルクス経済学の中で対立が始まると、たとえ人数としてマルクス主義派が多数派であっても、人事などで分派行動をとる経済学者が出ることはありうる。このことは経済学部における近代経済学派に有利に働くことがあった。

一人の近代経済学者の名前を忘れてはならない。戦前の経済学部の派閥抗争で多くの経済学者が東大を去ったが、自由主義派で唯一東大に残ったのが木村健康であった。彼は戦後になって東大で教鞭をとり、その門下生が後に東大での近代経済学の推進者となったことが大きい。木村はいろいろなことに時間を奪われたので、研究上はさしたる仕事をしなかったが、円満な人格によって教育者としての役割は大きかった。

第三に、日本の近代経済学が強くなったという印象が一九六〇年代、七〇年代に国際的に明らかとなったことは既に述べたが、これが経済学界における近代経済学の地位を高めることに寄与した。しかも優秀な学生ほど近代経済学を学ぶようになった。

この変化は東大経済学部内の勢力図に影響を与えた。例えば、マルクス経済学の専攻者の人を新しい採用人事の候補者として推さなくなったとか、近代経済学者である候補者にマルクス経済学者が積極的な反対はせず、無言ながら支持するといったことも発生した。

東大経済学部で新しい人を採用する人事案件において、候補者の選定や研究業績の審査を行う際、マルクス経済学系の候補者の研究者としての質が以前より低下し、近代経済学系の候補者の質が高くなった、ということが明白になってきた。

これに関してもっと重要なことは、近代経済学を専攻する優秀な学生がアメリカやヨーロッパの大学に留学するようになり、厳しい大学院教育を受けてますます研究能力に磨きをかけた結果、非常に優れた国際的に通用する経済学の研究者が、かなりの数出現することとなった。日本でマルクス経済学を勉強した研究者とアメリカなどで近代経済学を勉強した研究者を、研究者の質と研究業績で比較すれば、その差は歴然としたものになったのである。大学、特に東大のような研究中心の大学では、研究者の研究能力と研究業績がもっとも重要な採用基準なので、近代経済学者が採用される可能性が高まるのである。

第四に、東大経済学部教授会において人事案件を討議するとき、世の中でマルクス主義が勢力を失っていることから、マルクス経済学者が自分達の後継者を強く推せない雰囲気があるし、既に述べたように自信をもって推せる候補者がほとんどいないという事情が響いている。しかも、一昔前の大内兵衛のような人事好きの戦略家がいないことも、マルクス派を不利にした可能性がある。

これに関して、隅谷三喜男の功績がある。もともと工業政策や労働政策が専門であるが、マルクス経済学と近代経済学の対立で言えば、中立の位置にいた。しかし彼のキリスト教的な人格高潔さによって人望が厚く、彼の声が人事問題において間接的に近代経済学を後押しした、と東大の内部の人の声がある。

第五に、第四のことの裏返しになるが、一九六〇～七〇年代にかけて東大経済学部では非常に優れた近代経済学者が何人か出現したことも、近代経済学の人を多く採用するのに有利に作用した。その人たちにどれだけの発言力があったか知る由もないが、現在では既に第一線から退いている宇沢弘文、貝塚啓明、小宮隆太郎、館龍一郎、根岸隆、浜田宏一という諸教授である。その中でも特に影響力の大きかったのは、宇沢弘文・小宮隆太郎の両氏であることは、衆目の一致するところである。

このような理由で、東大経済学部は一九七〇～八〇年代あたりから近代経済学者が主流となり、現在ではマルクス経済学者はほんの少数にまで減少した。さらに、その後も外国の大学で博士号を取得した優秀な若手を多く招聘することに成功し、日本の大学の経済学部の中でトップの研究水準を誇るまでになっている。戦前は東京商大（現一橋大）や慶應義塾より劣っていたとされ、戦後の一時期もマルクス経済学が主流だっただけに沈滞していたし、森嶋通夫などのいた先端的な大阪大学に遅れていたこともあったが、現在では東大経済学部の近代経済学は燦然と輝く時代となっているのである。戦前において三つの派閥が激しい抗争を行っていたことを述べたが、今ではそのうち河合栄治郎の自由主義派の勝利といえるのである。

戦前の東大経済学部は国家主義派、自由主義派、マルクス主義派の三者で派閥争いが激烈だったし、戦後の一時期はマルクス主義派が主流だったので、東大経済学部がすべての時期に全体として権力側にいた、という解釈は不可能である。経済学者の一部がときの権力側を支持・支援していたと言ってよい。しかし戦後になって、マルクス主義派でありながら大内兵衛や有沢広巳は政府の経済政策の策定に大きく関与していたので、特殊な形で権力側にいたという解釈も可能である。

現代はどうであろうか。東大経済学部の教授が政府の審議会や政策担当者として重要な地位を占めることが目立つ時代となっているので、基本は権力側に立っていると結論付けてよい。経済学という学問は、どうしても政策を扱う学問なので、学識の高い経済学者の発言機会が増加し、かつ政府も助言を求めることが多くなった。東大は多くの高級官僚を送り出してきたのであり、優秀な経済学者の多い母校の先生に政府の仕事を依頼する程度の高いことも、もう一つの理由となっている。

中国や中南米のごく一部の国を除いて、資本主義・市場主義の国が圧倒的な多数となり、マルクス経済学は沈滞の中にいる。日本においても東大を筆頭にして、非マルクス経済学がかなりの優位となっている。しかし資本主義のほころびが格差問題や環境問題を中心にして目立つようになり、非マルクス経済学の中でも反省が高まっている。それがマルクス経済学の復権につながるかどうか興味がもたれる。日本の経済学界をリードする東大経済学部がどう歩むのか、関心は高いのである。

第8章 近代経済学の一人舞台か？

社会主義国崩壊のインパクトはあまりにも大きかった

一九八九（平成元）年の一一月にベルリンの壁が崩壊して、ドイツは統一され資本主義国になった。その後ソ連、東ヨーロッパなどの社会主義国が崩壊することとなった。この影響は日本のマルクス経済学界に大きな衝撃を与えた。資本主義国の中で唯一マルクス経済学者が多数派を占めていた日本だったので、マルクス経済学の有用性に大きな疑問を投げることとなった。大学の経済学部ではマルクス学者を採用しなくなったし、官庁では当然であるが、マスコミにおいてもマルクス経済学的な論調が語られなくなった。

では既存のマルクス経済学者はどうしたかといえば、既に述べたように経済学史や経済史に転向したか、政治経済学、レギュラシオン経済学といった呼び名の科目を用いて、少なくとも表面的にはマルクス経済学者であることを全面に出さなくなった。特に深刻なことには、学生がマルクス経済学の科目を受講しなくなったり、マルクス経済学ゼミを選択しなくなった。この現象は、大学当局がマルクス経済学者の数を減らし、近代経済学者の数を大幅に増加させようとする策を促進させた。ここ二〇年間において、マルクス経済学者が多数派を占める大学の経済学部は一部を除いてほぼ消滅し、一人か二人しかマルクス学者がいないという大学が最近の現状である。

とはいえ学会会員数で比較すると、経済理論学会（主としてマルクス経済学者）が一〇〇〇名程度、日本経済学会（主として近代経済学者が学会員）が三〇〇〇名程度なので、一対三の比率であり、目に見えるほどマルクス経済学者は減少していない。専攻を変化しながらも学会員であり続ける人が相当数いる可能性がある。いわゆる幽霊学会員の存在である。むしろ近代経済学者の増加に注目するべきであろう。若い年代層で経済学者になる人の大半がマルクス経済学ではなくて、近代経済学者を専攻するようになったことの反映である。

アメリカンPh.D.の激増

大学の経済学者に近代経済学者の数が増加し、かつ学会をはじめ政府の経済政策を策定するに際して、そしてメディアでの報道においても近代経済学の思想が大きなウェイトを占めるようになっていた。特に二〇世紀末から二一世紀に入ってからその傾向が顕著になったが、もう一つ特記すべき現象が経済学者の訓練、輩出に関して発生していた。それはアメリカを中心とした外国の大学院で学ぶ学生の増加と、Ph.D.（経済学博士号）を保持する経済学者の増加である。ここで外国で学位を取得する経済学者のことを概観しておこう。

戦前の日本の経済学者がドイツに留学していたことは既に述べた。代表例として古い時代の福田徳三、中山伊知郎などであった。中にはドイツの大学で博士号を取得した人もいた。当時はドイツ歴史学派が全盛であったのが一つの理由である。ところが、一つの経済学の中心地（特に古典派、新古典派経済学）であるイギリスには博士号の取得者が少ない。その理由の一つはドイツとは異なりイギリスの大学は学部が中心であり、大学院教育、あるいは博士号はさほど重要ではない伝統があったことによる。

アメリカに関しては、戦前のアメリカは未だ経済学がそう強くなかったし、むしろアメリカ人がヨーロッパに留学するのが伝統であった。日本人の代表者として、ハーバード大学でPh.D.を取得した都留重人については既に紹介した。ところで戦争前後と戦後になってアメリカ経済学は急激に発展を見た。その一因は、主としてヨーロッパやロシアから一流の経済学者（例えばシュンペーター、ノイマン、レオンティエフ、クズネッツ等々）を招き入れたことにある。迫害を受けたユダヤ人はヨーロッパを脱出したい希望のあったことと、経済大国になりつつあったアメリカでの給料の高さも魅力的であった。

戦後になってアメリカは経済大国のみならず、経済学大国になった。経済学界を席巻する質の高い論文が続々とアメリカから公表されるようになった。すなわち、効率的な大学院教育を一流の経済学者が担当するのであり、そこで教育・訓練を受けたいと世界各国からアメリカの大学院に留学する人が増加したのである。重要なことはアメリカの大学院が奨学金制度を用意していて、優秀な外国人でもアメリカで勉学できるような経済支援を行っていたことにある。学費や生活費の高いアメリカの大学で勉強することは、アメリカよりも所得の低い国で育った学生にとって不可能なのであるが、アメリカの大学は優秀な学生には外国人であっても、もっと勉強させる方針を持っていた。これは学問をますます強くしたいとするアメリカと、アメリカでは機会の平等を大切にする懐の深さの反映でもある。

アメリカの大学院教育の厳しさの一端を紹介してみよう。学部を卒《お》えてから大学院に入学して、一年ないし二年で基礎科目の取得を行う。どの大学院でもミクロ経済学、マクロ経済学、計量経済学は必修であり、他に財政学、国際経済学などの応用経済学を何科目か選択する。一年ないし二年後に博士論文を書く資格を得ることになる学科試験を受ける。ここで大きなスクリーニングがある。この試験に不合格だと放校されるのである。例えば競争の激しいシカゴ大学だと、一昔前は一〇〇名ほどいる学生の中で、二〇名前後しか合格しなかったとされる。今では少しは緩和されて率は上昇したようであるが、優勝劣敗という競争はアメリカ大学院教育の特色である。

資格試験にパスしてから数年間でPh.D.論文を書き、口答試問に合格すれば博士号の取得となる。格別に優秀な人は学科試験を一年、論文執筆に一年という合計二年で終了する人がいる。例えばノーベル経済学賞を受けたジョセフ・スティグリッツは、MITにおいて二年間でPh.Dを取得した。逆にシカゴ大学では一〇年かかる人もいると聞く。ちなみに筆者はジョンズ・ホプキンス大学で四年間かかった。ごく平均的な年数とみなしてよい。

アメリカの大学教授市場

無事にPh.D.を取得して次のハードルは就職である。大学の経済助教授になる人と、民間企業や連邦準備銀行（日本銀行のアメリカ版）にエコノミストとして入る人の二つに別れるが、多くは前者を求める。どこの大学に就職するかも競争である。アメリカ経済学会が年始の一月に大会を開くが、そこで求職者は各大学の面接を受ける。大学側は求職者のPh.D.論文の原稿と出身大学院の指導教授の推薦状を見ながら、何名かの候補に絞る。その候補は求人大学に実際に訪問して研究セミナーを行う。その候補の中から採用したい人を決めて、それを受けるかどうかを迫る。当然優秀な人が複数の大学からオファーを受けるし、しかもランクの高い大学からのが多い。求職者はその中から自分の行きたい大学を決めて就職することになる。大学によってはオファーを受けない候補者がいるので、まだ就職の決まっていない人の中から順次オファーを続けるのである。需要と供給による均衡の決め方という自由市場の特色が、大学での新人教員の採用に関して成立しているのである。

無事に大学に就職して研究と教育が始まるのであるが、職の安定はない。それは大学におけるテニュア制度（永久在職資格）である。新人教員は六年間その大学に在籍できるが、その間にどのような研究成果（主として学術論文）を挙げたかが審査される。充分な研究成果を出したと判断されれば、その人は七年目からその大学に永久的に在籍できるが、ダメと判断されれば一年間の猶予が与えられて、他の職場を探さねばならない。このテニュアを獲得するのは至難の業である。学者が質の高い論文をどれだけの数出版するかどうかでこのテニュアが決まるので、助教授のときに必死になって研究に励む。一流大学では一〇人に一人ほどしかテニュアは与えられないとされる。アメリカの学界では、テニュア獲得競争の厳しさを、奴隷制度に等しいと理解されているほどである。

テニュアを取ったらそれで終わりではない。たとえ永久的にその大学に在籍できる資格を取っても、その後の毎年毎年の給料はその人がどれだけ研究論文を発表するかに大きく依存するので、研究者は論文書きに励まねばならない。アメリカ大リーグの野球選手と同様に、各年の実績によって給料が決まるのである。大学教授はこうして、大学院のときから始まって、採用時、テニュア賦与期（仮採用期と称してよい）、そしてテニュア獲得後も自己の研究論文を発表せねばならない。とてつもない競争市場の中にいるのである。

競争はまだ続く。テニュアを取った人がその後も良い論文を出し続ければその大学での給料は上がるが、他の大学からその大学に移らないかという誘いがかかる。その人が移るか移らないかは、新しい大学の給料額と大学の名門度や研究条件を考慮しながら決めるが、現在いる大学もその人に去られたら困ると判断すれば、今の給料よりも高い額をオファーしてその人を引き止めようとする場合がある。給料と大学の名門度、研究条件、何コマ教える義務があるか、そしてどの地域にある大学か、などを巡って、大学と教授が激しい交渉をするという自由市場なのである。チームを頻繁に移動するアメリカ大リーグの野球選手とまったく同じではないが、かなり似た市場ではないだろうか。

翻って日本の大学はどうであろうか。一度助教授（今は准教授と呼ぶ）に採用されたら、その後の賃金と教授への昇進は年功によって決められ、研究業績はほとんど考慮されないと言っても過言ではない。しかも研究業績はレフェリー付きの研究誌ではなく、各大学の「紀要」で充分である。特に文科系の大学・学部でこの方針が顕著であることは、橘木（二〇一五）によって紹介されている。日本の大学の特色は、本人の研究実績で賃金を決める方針にないのである。見方によってはなんと甘い世界が日本の学界なのである。

日本経済学会におけるアメリカンPh.D.の影響力

アメリカ経済学界が世界の最高峰とみなされるようになり、しかも優秀な経済学者を多く輩出するようになった大学院の存在により、アメリカ人はもとより世界各国からアメリカの大学院で経済学を勉強する人が増加した。日本人とて例外ではなく、多くの日本人がアメリカの大学院に留学するようになった。文学、社会学、法学という科目を専攻するために留学する日本人は少なく、理工系においてもそれほど多い日本人の留学生ではなく、他の専攻者と比較して、経済学を専攻する日本人が格別に多いという特色がある。しかもそういう人が高い研究業績を示すような時代に入っているのである。

それを知ることのできるわかりやすい証拠があるので、それを示しておこう。表8－1は日本経済学会の歴代会長の氏名、会長就任時の所属先、外国で博士号を取得した人の大学名を記したものである。

この表によると次のことがわかる。まず第一に、一九八九（平成元）年までの歴代会長、それは二一名いたが、全員が外国の大学での学位取得ではない。この時期にはアメリカの大学院で学んだ日本人は非常に少なかったのである。会長になる年齢は五〇歳代以上がほとんどなので、一九八〇年代にこの年齢に達した人が大学院で学ぶのは戦争中かその直後あたりの時代なので、そもそもアメリカに留学する時代ではなかった。しかしフルブライト奨学制度が一九四五年（終戦時）に創設され、その恩恵を受けて日本人をはじめ多くの外国人留学生がアメリカに渡ったのである。その後種々の奨学金制度が利用可能となったし、アメリカの大学独自による奨学金制度を利用して、多くの日本人留学生がアメリカで経済学を学んだのである。

その結果が表に現れており、一九九〇（平成二）年から二〇一九（令和元）年までに特化すると、会長三〇名のうち、実に二五名がアメリカンPh.D.保持者である。なんと八三％の高い比率なの

表8－1　日本経済学会歴代会長のPh.D.取得状況

	氏　名	所属先（在任時）	Ph.D.取得大学
1	中山伊知郎	一橋大学	
2	安井琢磨	大阪大学	
3	青山秀夫	京都大学	
4	熊谷尚夫	大阪大学	
5	篠原三代平	成蹊大学 一橋大学	
6	荒憲治郎	一橋大学	
7	大石康彦	東京大学	
8	福岡正夫	慶應義塾大学	
9	馬場正雄	京都大学	
10	二階堂福包	一橋大学	
11	置塩信雄	神戸大学	
12	稲田献一	大阪大学	
13	宮沢健一	一橋大学	
14	内田忠夫	東京大学	
15	小宮隆太郎	東京大学	
16	辻村江太郎	慶應義塾大学	
17	根岸　隆	東京大学	
18	藤野正三郎	一橋大学	
19	建元正弘	帝塚山大学	
20	新開陽一	大阪大学	
21	宇沢弘文	新潟大学 東京大学	
22	森口親司	大阪大学	ミシガン
23	斎藤光雄	帝塚山大学	
24	天野明弘	神戸大学	ロチェスター
25	上河泰男	長崎県立大学	ロチェスター
26	浜田宏一	イェール大学	イェール
27	青木昌彦	スタンフォード大学	ミネソタ
28	貝塚啓明	中央大学	
29	畠中道雄	帝塚山大学	バンダービルト
30	大山道弘	慶應義塾大学	ロチェスター
31	鈴村興太郎	一橋大学	
32	西村和雄	京都大学	ロチェスター
33	奥野正寛	東京大学	スタンフォード
34	吉川　洋	東京大学	イェール
35	八田達夫	東京大学	ジョンズ・ホプキンス
36	伊藤隆敏	東京大学	ハーバード
37	橘木俊詔	京都大学	ジョンズ・ホプキンス
38	森棟公夫	京都大学	スタンフォード
39	猪木武徳	国際日本文化研究センター	MIT
40	矢野　誠	京都大学	ロチェスター
41	藤田昌久	甲南大学	ペンシルバニア
42	井堀利宏	東京大学	ジョンズ・ホプキンス
43	植田和男	東京大学	MIT
44	樋口美雄	慶應義塾大学	
45	本多佑三	関西大学	プリンストン
46	岡田　章	一橋大学	
47	三野和雄	京都大学	ブラウン
48	松井彰彦	東京大学	ノースウェスタン
49	神取道宏	東京大学	スタンフォード
50	林　文夫	政策研究院大学	ハーバード
51	市村英彦	東京大学	MIT

出所）日本経済学界ホームページをもとに著者作成

で、五人に四人がそれに該当するのである。ここで日本経済学会の会長について一言述べておく必要がある。学会員全員の投票によって毎年副会長が選出され、翌年にその人が会長に就任する制度である。選出の手順は理事(今は代議員と呼ばれる)三〇〜四〇名から成る投票によって五名の副会長候補が選ばれ、その五名の学歴と研究業績が全学会員に送られ、それを基準にしての投票結果によって選出する。研究業績の高い人が選出されるというのにほぼ間違いない。

日本の近代経済学界を代表する学会である日本経済学会において、ある時期からほぼ三〇年間、会長の多くがアメリカンPh.D.保持者であることがわかったが、いくつかの証拠を示してそれを追認しておこう。第一に、一つの大学経済学部の全教員のうち、何名ほどがアメリカンPh.D.保持者であるかを示しておこう。それは東京大学経済学部の例である。日本のトップ大学であることに衆目の一致があるし、近代経済学では一橋大、京大、阪大、神戸大、慶應大などとともにトップグループを形成する研究の質の高さを誇っている東大大学院経済学研究科に所属するおよそ五〇名の教員のうち、二四名がアメリカンPh.D.保持者である。経済学部にはごく少数のマルクス経済学者、そして多くの経済史、経営、会計などの専攻者も所属しており、それらの人のほとんどがアメリカで学位を取得しないので、純粋経済学者に限ればおよそ四分の三がアメリカンPh.D.保持者である。それも研究業績の高い人にアメリカンPh.D.の多いのが確認できる。

次の証拠は、アメリカの大学で教鞭を取る経済学者の増加である。二〇〜三〇年前にも、シカゴ大学の宇沢弘文、スタンフォード大学の雨宮健、ブラウン大学の佐藤隆三などトップの大学で教鞭をとる人が何名かいたが、現在ではそれがかなりの数になっている。また日本経済学会の機関誌（*Japanese Economic Review*）のAssociate Editorsの所属先をみても、Ph.D.の影響がよくわかる。Associate Editorsは比較的若い人がその役を務めるが、既に研究業績を上げつつある人とみなされるので、今後の活躍の期待予想に役立つ。合計二八名（日本人プラス外国人）いる中で一三名が日本人の名前である。しかもその半数近くが外国の大学、研究機関に属しているのであり、日本の経済学者が海外で活躍している現状がよくわかる。これらの人の大半はアメリカの大学院でPh.D.を取得し、そのままアメリカなどの外国で職を得た人であるに違いない。なぜならばアメリカの大学や研究機関で研究、教育を全うするには、英語が相当堪能でないと務まらない。日本の大学、大学院で教育を受けただけの人なら英語能力に限界があるだろうから、アメリカで教育を受けた人でないとその任を全うできないと想像できる。

アメリカンPh.D.のプレゼンスの多いことの功罪

日本経済学会の歴代会長、東大経済学部の教員リスト、日本経済学会誌のAssociate Editorsのリストより、日本の経済学者がアメリカンPh.D.保持者で占められている事実がよくわかった。特に研究業績のある指導者層、あるいは将来そうなりそうな人に多いのである。アメリカの経済学がもっとも水準が高いし、影響力もあるし、大学院教育がしっかりしているので、優秀な経済学者を多く輩出するのは当然といえば当然である。しかも日本人を含めて、世界各国から留学生のみならず学者も集めている。ノーベル経済学賞の受賞者の過半数はアメリカ人かアメリカに滞在する外国人である。学問のためには国籍を問わないアメリカの姿勢は評価できる。今後もますます優秀な日本人がアメリカの大学院で経済学を学ぶ道を選ぶであろうし、それは日本の経済学の水準を上げるのに貢献する。

とはいえ、これだけ多くの日本人のPh.D.保持者が経済学の分野で活躍することに関して、問題点がないわけではない。それをここでいくつか論じてみよう。

第一に、経済学者を生むためのトレーニングを、日本の大学ではなくアメリカの大学院に頼っている事実をどう考えるかである。確かにアメリカの大学院は第一級の研究と教育を行っているので、そこで学ぶことに否定的になる必要はない。しかし、このままの状況が続くと、日本の大学院教育が永久に進歩しない可能性がある。学問には国境がない、との心理を信じるなら、日本の教育・訓練がアメリカより劣っていても仕方がないとの解釈もありうる。

とはいえ、できれば自国で教育して第一級の経済学者を育てることができるならそれに越したことはない。いくつかの方策はある。学問の世界語が英語になっているという現状を避けることができないので、日本の大学院で英語によって経済学を教えるという案が考えられる。英語で講義のできる日本人の先生の数は限られているのでそう簡単にできる方策ではないが、日本の大学の国際性のなさが日本の大学の世界でのランキングを下げている理由の一つなので、外国人の教授を雇用することによって可能となる。さらに日本人の経済学者でアメリカ、カナダ、イギリスなどの大学院で教育を受けた人を、日本で迎える案を進めて、英語の講義をもっと活用する案もありうる。ただしこれらの案には、アメリカの給料と比較して日本の大学は低いので、これを上げる策が必要となる。

もう一つの案は、博士論文の執筆を英語で行うことを極力奨励するのである。英語による論文しか世界的には評価されないご時世なので、若い年齢のときから日本の大学院においても英語での執筆に励む努力をするのである。そうすれば学者になっても英語で容易に論文が書けるようになる。やや自画自賛になって申し訳ないが、筆者は京大大学院での博士論文では英語の執筆を義務とした。学生にとっては苦労の多い作業だったと思われるが、若い時の訓練を経験すれば、その後になって英語で論文や書物を書ける素地を得ることができる。

第二の問題点は、影響力のある経済学者にアメリカンPh.D.の人が多いと、アメリカに特有な経済思想が経済学のすべて、との印象を世の中に与えかねないリスクがある。なんといってもアメリカ経済学界は新古典派経済学が圧倒的に優勢なので、自由競争、規制緩和、小さな政府といった市場原理主義に立脚した経済思想に共鳴する人が多い。日本の経済政策の提言においてもこれらの主義、主張をする経済学者が多い。もとよりアメリカほどではないが、日本人の中でも経済思想ないし経済政策として新古典派、ないし市場原理主義を信じる人が多いので、別に不都合はないという見方がありえよう。

とはいえ経済思想には本書でも検討したように様々なものがある。最高のジャパノロジストであるロナルド・ドーアは、日本にはアメリカンPh.D.経済学者が多すぎて、しかもそれらの人が経済政策論議の中枢にいることや、政府の政策決定に関与している姿を嘆いていた。もう少し新古典派以外の経済学にも寛容であってほしいとの主張である。例えば日本ではヨーロッパ流の福祉国家の思想はすこぶる人気がない。これもアメリカの影響が強くて、それに共鳴する人の多い日本の宿命なのかもしれない。

第三の問題点は、第二の問題点の延長である。アメリカの経済学は経済思想はともかく、経済制度としてもアメリカ特有な制度を前提にして経済分析を行う。わかりやすい例を示せば、労働市場において賃金や昇進の決定は日本ではまだ年功序列制が残っているが、アメリカは能力・実績主義が原則である。年功序列制と能力・実績主義はそれぞれが一長一短であり、確実にどちらかが優れているのか決定はできない。しかも両者はそれぞれの国の歴史や国民性にも依存して形成された制度である。日本人がアメリカで学んだとき、それほどの考慮をせずに、アメリカの能力・実績主義が普遍的に正しい、あるいはより優れていると理解してしまう恐れがある。労働市場の例のみならず、他の金融、財政、貿易市場に関してもアメリカの経済制度が好ましいと思い込む可能性があり、そしてそれを日本に導入すべしと主張することがある。やや誇張すれば、アメリカの経済制度を理想郷と思ってしまうことがなきにしもあらずなのである。

第四の問題点は、アメリカの経済学は細かいことに数学や統計を用いて独創性のある厳密な分析を好む点にある。これだと枝葉にこだわった研究（悪く言えばちまちました研究）が中心となり、幹になるような画期的な研究の出てくる可能性が低くなりかねない。

日本人はなぜノーベル経済学賞を取れていないのか

ノーベル賞には、物理学、化学、医学生理学、平和、文学、経済学と六種の分野があり、日本人の受賞者は二〇人を超す多数、特に二一世紀に入ってからは数多くを輩出しているが、なぜか経済学の受賞者に日本人はいない。経済学賞は五〇年以上も経過しているのにである。その理由を探究しておこう。

第一に、日本の経済学は輸入学問であることを本書でも明らかにした。そのためにまずは外国での経済学を学ぶのに最初に時間が必要であり、新しい理論を生み出すにはまだ時間がかかりそうである。特に新しい経済理論や分析手法の提言、新しい経済事情などの発見、新しい経済政策の提言などに貢献のあった人に贈られる傾向があるので、まだそれを打ち出せるような経済学が高度に発展した領域にまで達していないのである。

第二に、経済学が英語の文献を中心にして論じられ、かつ評価される時代になっているので、英語を母国語にしていない日本人にとっては不利が伴う。本書で主張したように、日本の経済学者が最初に世界的に貢献したのは英語で論文が書きやすいことも手伝って数理経済学だったのであり、非数理、ないし非統計の経済学を英語で出版するのには、日本人にとってまだ困難が残っている。

第三に、優秀な人が経済学を専攻しているか、と問われれば、理科系あるいは医学系に優秀な人の集まる傾向が日本にまだあるので、素質の点でやや問題がある。日本の大学では経済学部のウエイトは高く、専攻する学生の数は多いが、大半は卒業後にはビジネスの世界に入る。学界に進む人は理科系、医学系と比較するとかなり少ない。これらの事情が重なれば、ノーベル経済学賞への道は遠いことがわかってもらえよう。

第四に、少数ながら若い優秀な人が経済学を専攻して、若い時代には優れた研究論文を公表する人もいるが、中年になると他の機会、すなわち政府における経済アドバイスの仕事、民間におけるコンサルティング、あるいはマスコミなどで活躍する人が出てきて、研究をやめてしまう人もいる。これらの人はそれらの活動に魅力を感じていることに加えて、学術論文ばかり書いていれば有名人になれないとか、収入面で恵まれないという事情もある。

第五に、世界の経済学界は汎世界的な経済の話題、あるいはアメリカ、EU、中国などの大国の経済に関心が高く、これらの話題に関与した研究業績には注目が集まる。しかし、日本経済は今や衰退中の弱小国になりつつあり、世界の注目を浴びなくなっている。日本経済に関してよい研究成果を出しても、無視されることとなる。特に日本語でそれを出版しておればなおさらである。

第六に、ノーベル経済学賞は、ほとんどの場合本書で述べた近代経済学の手法を用いた研究成果に与えられる。有名な例はジョーン・ロビンソン（女性）が若い頃はポストケインジアンとして近代経済学で素晴らしい研究を上げていたが、一九六〇年代の後半期の年齢になってマルクス派あるいは共産圏の中国を礼賛したこともあり、受賞はならなかったのである。これまでの日本はマルクス経済学者が多数派だったので、受賞の対象にならなかったし、日本語の文献ばかりであったことも響いていた。

第七に、本書でも述べたことであるが、日本の大学研究者の評価は、研究実績ではなく、年功性がまだかなり残っている。これだと経済学者が必死になって研究しない可能性を与えてしまう。良い研究成果を出したとしても評価（賃金や昇進）されないのなら、研究に熱心にならない人が出ても不思議はない。

ではノーベル賞を多く輩出している理科系の人も同じ処遇なのに、なぜ研究に励むのであろうか。その疑問を解く鍵は次にある。まずは日本人の理科系の優れた研究成果は外国滞在中になされた例が多い。次いで、理科系の場合には研究費の多いことが良い研究成果の出る条件になるが、優れた研究成果を上げた理科系の人には審査の上で多額の研究費を受領できる制度になっている。それだと一部の優れた理科系研究者は研究に精を出すのである。

第9章

女性の経済学者

女性の経済学者の少なさ

明治時代から第二次世界大戦前後まで、日本では専業主婦を理想とする良妻賢母論が幅を利かせていた。とはいえ、貧乏だった日本においては多くの女性が働かざるをえなかったことも事実であった。しかもその大半は農業や商工業の現場で働く人であり、管理職や専門職はゼロに近いほどのごく少数であった。専門職の女性であれば、教師と看護婦が代表であったし、例えば橘木（二〇一一b）で示されたように、大学卒は非常に少なかった。女性の経済学者も例外的にしか存在しなかった。ここでごく少数ながらどのような女性経済学者がいたのかを記してみる。参考となるのは栗田・松野尾・生垣（二〇一六）である。筆者が経済学専攻であるメリットをも生かして、いろいろなことを書いてみたい。

ここまでの章で日本の経済学者を論じてきたが、不幸にしてすべてが男性であった。栗田・松野尾・生垣（二〇一六）では、日本の女性経済学者第一号と呼べることができるかもしれない人は、山川菊栄（一八九〇－一九八〇）とされている。彼女は社会主義運動家として有名な山川均の妻であり、本人も社会主義に立脚した女性解放運動に従事した。女子英学塾（現・津田塾大学）で学んでいるが、そこで経済学が少しながら人気を博しつつあったのに接して、そういう人との交流を通じて自己の思想なり経済学を形成していったと思われる。

山川菊栄の著作リストを見ると、女性も働くべきと主張しつつ、かつ女性が差別されていることへの批判、女性労働保護、そして女子教育が良妻賢母になるために家事、裁縫、作法などの科目で占められていることへの批判、といったことが中心になっている。すなわち、男性に従属する女性ではなく、女性も経済的に自立した生活を送るべく、勤労を勧めているのが印象的である。

その一端を述べると次のようになる。満一八歳以上の男女の選挙権賦与、少年少女と婦人の残業、危険作業や夜の勤労禁止、出産時の保護策などである。さらに、戸主制度の廃止、男女の平等処遇、女性の不当解雇禁止、公娼制度の全廃などが加わる。

山川菊栄の著作は女性の置かれた立場の不合理性を告発し、かつ女性を自立と解放に向かわせるための運動などの提言が多く、今でいう狭義の経済学の著作というには無理がある。その最大の理由は、女性に経済学を学ぶ機会が与えられていなかったところにある。まず女性で高等教育（それも大学ではなく専門学校、いわゆる女子高等師範学校や女子専門学校などに限られていた）に進学する人の数が少なかったのに加えて、それらの学校で学ぶ教科も家政学や文学に限られていたので、経済学を学ぶことはなかったのである。良妻賢母を生むための教科として、家政学と文学が重視されたのである。

ところが家政学が経済学との関係で、多少の意味を持つことになる。家政学を英語で表現すると"home economics"という科目になり、欧米ではこのhome economicsが教えられていたので、economics（経済学）との関連が明白である。家庭において収入と支出、そして消費・貯蓄の問題を扱うのは優れて経済学なのであり、これらの科目が女子の高等教育において研究・教育がなされるようになるのは自然なことである。女性経済学者が家庭経済、あるいは家事経済に興味を覚えるようになるのは、家庭に直結する経済の話題に現実として取り組んでいるからである。そこには男女の性別役割分担意識すなわち男は外で働き、女は内で家事・育児に専念すべし、が底流にあることは論を要しない。

松平友子（一八九四－一九六九）

日本において職業として経済学の研究と教育を行った最初の女性なので、やや詳しく紹介しておこう。ここは主として松野尾（二〇一六b）に負う。

東京女子高等師範学校（現・お茶の水女子大）を一九一七（大正六）年に卒業して、翌年から研究科生（大学院という公式な身分ではなく私的な研究生であろう）となり、一九一九（大正九）年から三年間、東京女高師からの「依託学生」として東京帝大の経済学部で学んだ。この身分も正式な学生ではなく、教授の許可を得て講義を聴講するという姿であった。帝国大学に入学するには旧制高校（男子のみの学校）を卒業しているのが条件であり、専門学校出身者は「選科生」という特別枠として入学していたにすぎなかった。

なお、帝国大学において女性を最初に入学させたのは東北大学であり、黒田チカ、金山らくという東京女高師卒と、丹下うめ（日本女子大学校卒）の三名である。三名の詳しい人生については橘木（二〇一一b）を参照。これら三名は全員が理科系なので、松平友子は文科系の経済学というユニークさがある。もっとも松平が正式な学生ではなく、「依託学生」という特殊な身分だったので東大卒業生ではなく、学士号を授与されていない。

正式な学生でなくとも講義は受けられるので、松平が東大においてみっちり経済学を勉強したのは確実である。しかも学問への意欲は高かったと思われるので、吸収した学問の水準はきっと高いものであった。東大では山崎覚次郎から経済原論、河津暹《すすむ》や土方成美などからも学んだことが、亀高（二〇一六）に書かれている。河津は社会政策や経済政策の専門家である。土方は当時の東大三大派閥の一つ（右翼の国家主義派）のボスであった。

亀高京子はおもしろいことを語っている。森戸辰男、高野岩三郎の二人を松平は嫌っていたとのことである。二人は当時の東大経済学部では左翼、あるいはマルクス経済学に近い一派であったので、松平が当時勢力を増しつつあったマルクス経済学に関心のなかったことを類推させる。

後に専門の経済学者になってからの松平の著作を見ると、マルクス経済学の色彩に乏しいので、思想的には左翼ではなかったと想像できる。その意味では女性経済学者第一号であった山川菊栄とはかなり異なっている。

松平の経済学の要約に入ろう。彼女の目指したのは「家事経済学」ないし「家庭経済学」である。東大での「依託学生」を終了してから東京女高師の講師になり、その後教授となった。その後新制のお茶の水女子大学の教授となり、一九六〇(昭和三五)年に退職し、しばらくの間東京家政大学院大学で教職に就いた。一貫として家政学部の中で家事経済学ないし家庭経済学を担当していたので、この分野での創始者でもあり後に続く人への伝導者でもあった。主著として『家事経済学(上・下)』(一九二五年)がある。

松平の専門は、まず家計の切り盛りへの関心から、家計簿の検証から始める。国民経済の見地からは「家計調査」の吟味を行っていて、収入と支出を理解した上で国民生活の解析を主要な課題とした。収入を得るためには働くことが条件となり、夫と妻の労働を分析した。

ここで興味深い点は、独立した働き手である松平であっても、女性労働は家計補助者としての役割のための勤労という理解しかしていなかったことだ。自分は一人前の教授なので男性と同等の稼ぎ手であるが、日本での大多数の女性の賃金がまだ低いので、家計での補助者にすぎないと評価したのである。現代の女性経済学者の多くはこれを否定するであろうが、戦前であればやむをえないことであった。

やや驚きは、専業主婦の家事労働に関しては、松平は確かに無償はおかしく、なんらかの評価なり有償にすべきと主張している見方は納得できる。とはいえ二〇～三〇年前に一部のフェミニスト経済学者が主張したような有償にせよとか、国民所得勘定に入れよ、といったラディカルな主張をしていなかった。問題意識を持ってはいたので、できるなら所得勘定に入れるべきとは松平は主張したが、過激なことを主張していないので、マルクス主義には染まっていなかったことが、彼女の家事労働の評価からも推察できる。

女子大学での経済学

戦前であれば女性が経済学を研究し、学生がそれを学ぶのは家政学の一分野としてのみであった。そのために職業として経済学者になる人は、家政学を教えていた女子大学（戦前であれば専門学校、戦後であれば女子大学）に属するのであった。既に紹介した松平友子も女子のための高等教育機関（東京女高師、お茶の水女子大）に属していた。

ここで東京女子大学を例にして、女子高等教育における経済学がどう教育されたかを見ておこう。これに関しては栗田（二〇一六）、生垣（二〇一六）を参照した。大学と称してはいるが、東京女子大学は実態は専門学校であったので、真の大学とは異なる。とはいえ戦前では女性のためには専門学校が最高の高等教育機関だった。東京女高師、日本女子大学校（現・日本女子大）や女子英学塾（現・津田女子大）と並ぶ女子高等教育機関だったのである。当時の女子高等教育は文学（国文、英文、歴史など）と家政学（家事、料理、裁縫など）が二大教科であり、経済学は家政学の中で週に一時間ほど選択科目としてしか教えられていなかった。

東京女子大学ではアメリカ流のリベラルアーツ（教養科目）を中心にした教育を目指していた。とはいえ一九一八（大正七）年の創立時には実務科という学科があって職業人の養成のために、商業、簿記、経済学、心理学、社会学、工業などの科目を教えていたので、リベラルアーツに加えて職業教育をも目指していた。ところが実務科はわずか三年で廃止される運命にあった。

初代校長の新渡戸稲造は、女性には一般教養科目に加えて、職業科目をも教えて女性の職業を促進したいという期待があったと理解できる。ところがわずか三年で実務科が消滅したということは、職業人の養成案は多くの支持を得られなかったと想像できる。文学と家政学で代表されるように、女性の高等教育は教養を高めて、かつ良妻賢母を育てることに主眼をおくようになったと解釈できる。

経済学という科目も常勤の先生はおかず、主として東京帝大の先生が非常勤で教える姿であった。リベラルアーツを強調した東京女子大はむしろ例外で、他の女子大学では松平友子のいた東京女高師を筆頭にして、日本女子大などでは家政学の範囲内で家庭経済学を教えていた。家庭経済学を家政学の一分野とみなすか、それとも経済学の一分野とみなすのか、学界でもまだ結着はついていないようであるが、女子高等教育機関の立場からすると、家庭経済学は家政学の一分野とみなす立場が優勢である。

以上は戦前の女子大学（実質は専門学校）での話題であったが、戦後の新制大学になると女子専門学校は女子大学に昇格して、家政学部が多くの大学に引き継がれた。男女共学の大学では家政学部はほとんどなかったが、女子専門学校と合併した共学大学には家政学部が存在することとなった。例としては公立の大阪市立大学であった。そこでは食物、被服、住居、児童、社会福祉などの研究・教育がなされた。女子大学での家政学部では、食物、被服、住居、家庭経済学などが研究・教育の対象であった。

ところが戦後が三〇～四〇年ほど経過すると、家政学部が人気を失うこととなった。女性を家庭に押し込める手段としての家政学部のイメージが強まったことや、女性のジェンダー意識の高まりも手伝って、家政学部を改名したり改組する動きが一九七〇年代になって盛んになった。生活科学部という名称変更が女子大、共学大ともに行われたのであり、現代に至っている。一昔前のように食物、被服を中心にした女性特有の専攻科目を保持しながら、住居学や経済学をより強調した学部への変化であった。これに伴い生活学部の中でも経済学関係の科目が増加するようになった。

具体的には上村（二〇一六）で論じられているように、経済学での重要な分野である財政学、労働経済学、社会保障論などが、家庭経済学、あるいは家計経済学を研究・教育するときに考慮されるようになったのである。経済学のウェイトが高くなったと言ってよい動きである。お茶の水女子大学の篠塚英子、御船美智子、といった経済学者は近代経済学の立場から女性労働や家庭経済を論じたのである。そうすると女性だけでなく、男性もこの分野の研究に入るようになった。不肖筆者も『家計の経済学』(岩波書店、二〇一七年)を出版したのである。

マルクス経済学の立場から

ごく最近に至っては近代経済学専攻の女性経済学者は多くなったが、戦前から戦後の数十年にかけてはマルクス経済学専攻の女性が主流であった。女性が職場や家庭で不利な立場にいたとか、差別を受けていたのが目立った時代だったので、資本側や男性を糾弾するマルクス主義の思想に共鳴した女性の経済学者が存在したのは、ある意味当然なことであった。特にフェミニズムに立脚してマルクス主義を主張する一派は、マルクス主義フェミニズムと呼ばれたのである。その代表選手は社会学の上野千鶴子(東大教授)であった。本書は経済学の書物なので上野を論ぜず、他の女性経済学を取り上げることにする。

その代表の一人は竹中恵美子(一九一九–)である。マルクス主義労働経済学者として経済学の学問のみならず、実践運動にもかなりコミットした人として戦後の女性経済学者の中で輝く一人である。竹中に関しては松野尾(二〇一六b)、竹中(二〇一六)、伍賀(二〇一六)から知り得た。竹中は戦前の大阪府女子専門学校(後の大阪女子大学、現・大阪府立大学)を卒業後、旧制の大阪商科大学（現・大阪市立大学）へ進学した。旧制大学は旧制高校を卒業した男子のみの入学を原則としていたが、大正・昭和の時代では専門学校出身者や女子をも受け入れるようになっていた。竹中の入学した年の新入生二一九人のうち、女性は三人だったので、圧倒的に男性の世界であった。経済学・商学は男性の学ぶ学問と認識されていたし、そもそも女性が大学に進学する時代ではなかったので女性が極端に少なかったのである。

それより重要な事実は、橘木（二〇一二b）が強調したように旧制の三商大（すなわち、東京、大阪、神戸）のうち、大阪商大はマルクス経済学の伝統を有していた。なぜ竹中が大阪商大の入学を希望したのか、マルクス経済学を勉強したい意思があったと想像できる。その証拠は、松野尾（二〇一六b）が明らかにしているように、大阪府女子専門学校の卒業論文のタイトルが「社会主義経済と貨幣」だったので、大学に入学する前からマルクス主義に関心があったと理解できる。

さらに大阪商大での指導教授がマルクス派の国際経済学者であった名和統一ということでもわかる。竹中が国際経済学ではなく労働経済学をなぜ専攻したのか不明であるが、女性が労働の分野で不当に差別されている事実に直接立ち向かいたかったのであろう。卒業論文のタイトルは「男女賃金格差と男女同一賃金原則についての一考察」だったので、労働経済学の専攻宣言である。卒業後は一時甲南大学で教えていたが、その後一貫として大阪市立大学での教職であった。

興味ある一つの話題は、戦前から戦後の一時期に労働問題を取り上げていた学会は、別の章で詳しく論じたように社会政策学会であり、多くの大学では社会政策という科目名で教えられていた。ところが竹中、あるいは大阪市立大では労働市場論という科目を教えるようになった。労働経済学、あるいは労働市場論は現代では近代経済学の科目名として用いられており、不思議な対比である。しかし竹中は近代経済学の学会である「日本経済学会」が活躍場でなかったことは間違いない。

竹中の論文等は『竹中恵美子著作集』(全七巻)に収められており、業績の全容を議論することはしない。まとめれば、マルクス経済学に立脚しながら、資本主義経済の下では男性が常に優位な地位にあり、女性は差別を受ける身となって、賃金などの処遇が劣悪になる、ということを告発し続けたのである。労働者は資本家によって搾取されるというマルクスの基本思想を、フェミニズムの立場から女性が男性によって差別あるいは搾取されている主張を「マルクス主義フェミニズム」と称するが、竹中はこのラインにいたのである。もっと戦闘的なマルクス主義フェミニズムは社会学からの上野千鶴子からの主張でもあった。

竹中は労働経済学者であったが、マルクス経済学を経済理論の立場から大々的に議論した女性に、慶應義塾大学卒の井村喜代子がいる。資本主義をマルクスに忠実に分析して、恐慌論や再生産論を展開した本格派である。さらに資本主義の本家アメリカが生産力や軍事力を強大に持つことによる世界戦略を批判した。近代経済学が優勢な慶應義塾大学の中にあって、正統派のマルクス経済学を主張した姿は小気味よさすらある。日本のローザ・ルクセンブルクと称してもよい代表的女性マルクス経済学者である。

もう一人を取り上げよう。それは岩田正美（一九四七－）である。経済学者というよりは社会福祉の専門家とみなすべきであるが、資本主義の下で弱者として存在する貧困者、ホームレス、社会的に排除された人々などの実態を見てまわって、それらの人の苦しい現状を報告する研究を重ねた。山谷、釜ヶ崎（現称、あいりん地区）、といった東京、大阪のドヤ街、貧民街に入り込んで実態を調査するという勇気のある作業を行った女性である。必ずしもマルクス経済学の理論を解釈したり発展させるような研究をした人ではないが、弱者の経済実態を詳細に調査して報告、という実証研究はマルクスに通じるともいえる貴重な存在であった。

近代経済学ではどうか

戦後の一時期は日本ではマルクス経済学が優勢であったが、高度経済成長期を終えた一九七〇～八〇年代から近代経済学が優勢となり、現代では経済学者のうち三対一の比率という学会員の数で示されるように、近代経済学の圧倒的優勢の時代である。女性の近代経済学者の活躍はどうであろうか。

答えは残念ながら「NO」である。近代経済学者の参集する日本経済学界では、戦後一人も女性の学会長を出していないし、世界を見てもノーベル経済学賞五〇年ほどの歴史の中で、女性の受賞者は一人にすぎない。女性の近代経済学者の数は徐々に増加しているが、質で評価するとまだ影は薄い。なぜだろうか。様々な理由を指摘できる。

第一に、層が非常に薄い。筆者が大学（小樽商大）で学んだ時代、商学部（名前は商学部であるが経済学系が主流であった）一八〇名の入学者のうち、女性はゼロであった。これは他の大学の経済学部でもほぼ同様で、経済学者になろうとする女性はもっと少なく、女性経済学者の供給が非常に限られていた。その状況の下で、質の高い研究を出せる人の数は大いに限定された。この理由がもっとも重要な理由である。

第二に、ここからの記述はフェミニストから猛反発を受けると予想される理由である。男性で学者になろうとする人は、競争の激しい学問の世界で生き抜くために必死に努力する傾向があるが、女性の場合には結婚・出産を控えたりその渦中にいることが多く、男性ほどキャリア志向が強くなかった。これがハンディとなっていたので、女性は男性ほど研究時間が確保できなかった。経済学者のローレンス・サマーズがハーバード大学の学長だった二〇〇五年に、「女性は学者に向いていない」と発言して、失職した事件があった。サマーズの主張の根拠は、男女の能力差を念頭においていたので、彼への批判は強烈であったが、女性のおかれた地位の不利な状態にも言及していた。男女に能力差があるのかどうか、筆者に判断能力はないが、学長という立場からの発言には慎重であるべきだった。

第三に、第一に述べたことの補足であるが、経済学は女性に不人気な科目であった。戦後になって女子の大学進学率は増加し、今では女子の進学率（短大を含めて）の方が男子より高くなっている。しかし経済学部を卒業した人の大半がビジネスの世界に入るのであり、その世界は女性差別があって不利な職業生活を予想せざるをえず、経済学部を避ける傾向がある。文科系であれば法学部の方が、弁護士、弁理士、役人などの資格獲得の路を歩めるので、男子にとって法学部と経済学部の選択は企業人になる限り差はないが、女子にとっては資格取得の可能性がある法学部の人気が高い。

数少ない女性の近代経済学者の中でも、頭抜けた仕事をした人を何名か論じておこう。第一は青木玲子（一九五六－）である。数学を専攻した人が近代経済学に転向する人の一人で（東大数学科卒）、スタンフォード大卒のPh.D.保持者である。数理経済学の方法を用いて産業組織論、ミクロ経済学、技術経済学の分野で精力的な研究業績を挙げた。日本経済学会の女性会長の第一号の声もあるが、現時点ではまだ選出されていない。

第二は篠塚英子（一九四二－）である。武蔵大学で経済学を学んでから日本経済研究センターに、研究補助職として就職した。この仕事は自分で研究を遂行するのではなく、企業での一般職に近い補助職であった。ところが本人は自学自習を重ねて自分で研究できる水準に達して、著書や論文を出版するようになった。分野としては女性が専門に選ぶことの多い労働経済学であった。お茶の水女子大学教授、日本銀行の政策審議委員、人事院の人事官などの要職を経験した。

第三は太田弘子（一九五四－）である。一橋大学で社会学を学んだ。男性にとっては一橋大学卒は就職貴族であるが、彼女が求職活動をしていたとき、当時は女子短大卒の資格でよいなら採用してもよいといわれたほど、就職には苦労した。しかし生命保険文化センターで研究職に就き、書物や論文を出版したので注目され、政府の経済政策関係の要職に就いた。安倍内閣では経済財政政策担当の大臣まで務めた。市場原理主義を信条としており、規制改革の旗振り役であった。大臣まで務めれば政治家への道の誘いはあったが断り続けた、との本人の弁を開いたことがある。

篠塚、太田の両女性のキャリアを知るにつけ、従来は男性がほとんどを占めていた重要な役職についたので、パイオニアとして輝くキャリアの花咲いた経歴の持主である。本人たちの実力のなさせた業であることに間違いはないが、本人たちと女性からの不評を買うこと必至であるが、女性を登用させねばならないという社会的な雰囲気も、多少は助けになったと思われる。筆者は男女平等の達成には、クォータ制度（割当制）が必要と思っており、意図的に女性を抜擢する政策をむしろ歓迎しているので、篠塚や太田の抜擢に違和感はない。

第10章 経済学者は政策の形成と学問に貢献するか

戦争時の経済学者

明治・大正時代では日本の経済学がまだ幼稚な段階にいたし、主流がマルクス経済学、あるいは学会活動としては社会政策学会が中心だったので、政府の経済政策に関して大学に在籍する経済学者が助言なり発言する機会はそう多くなかった。むしろ高橋是清や後藤新平などを代表にして、日銀や中央ないし地方政府で要職を務めた人が、自己の主義・思想をそのまま政策に生かした面が強かった。

ところが昭和の時代に入って軍国主義の勢いが強くなり、国を挙げての取り組みが必要になると、政府・軍部ともに経済政策の知恵を専門家から吸収するようになった。武器の調達、エネルギー資源の確保、生産力の向上、国民や企業からの財源調達、国民の生活保障などを巡って、経済政策をどうするかが重要となったのである。特に戦争時代の総力戦という非常事態が起きかねない時代になって、これらが深刻な課題となりつつあった。現に第二次世界大戦を前に、日本の経済学者は政府と軍部からアドバイスを求められるようになった。このことに注目して牧野（二〇一〇）は書物を出版しているほどである。これを参考に戦時中における経済学者を簡単にまとめておこう。

まず言及されるべき話題は、陸軍に属する秋丸次郎中佐を中心にした秋丸機関である。中国侵略を行っている日本に対して英米の反発は強く、陸軍はアメリカとの戦争をも辞さないと考えていた。そこで一九三九（昭和一四）年に多数の経済学者を集めて日本は英米との戦争ができるかを研究するようになった。有沢広巳（東大）、宮川実（立教大）、中山伊知郎（東京商大）などの名がある。他にも、大川一司（宇都宮高等農林）、森田優三（横浜高商）などの名前もあり、後者の二人は後に一橋大学の中心的経済学者になった。マルクス経済学者、近代経済学者の混合であるし、大学や専門学校も横断的に集められていることがわかる。

特に重要なのはマルクス経済学の有沢広巳と近代経済学の中山伊知郎である。有沢はドイツ留学時に学んだことを活かしたいと思った。ドイツは第一次世界大戦の総力戦において、家計消費を抑えて軍事・エネルギーへの転換は短期的には成功するが、経済封鎖が長期になれば国民の疲弊が積もるし、鉄と石炭などの調達も困難になるとした。この有沢の鉄と石炭の重視策は、戦後になって彼の考えとなる「傾斜生産方式」の基礎となったことは、既に紹介したし改めて強調されてよい。

中山伊知郎は一九四一（昭和一六）年に『戦争経済の理論』まで出版しているので、戦争が経済に及ぼす影響に関しては多大な関心を示していた。中山にとって戦争とはそれほど異常なことではなく、平時における経済分析と同様に分析されるものとみなし、平時における一般均衡論を重視した中山らしく、戦時における「戦時経済表」を作成して軍需産業が一般経済部門に与える影響を考察したのである。もとよりワシリー・レオンティエフの産業関連表はフランソワ・ケネーの経済表を発展させたものなので、中山がレオンティエフを意識していたのは確実である。もっとも秋丸機関ではレオンティエフ流の産業関連分析までには至らなかった。

話題を秋丸機関の報告に戻すと、アメリカとの戦争に関する結論は「日本は人的や物的生産力や輸送力などの諸点から、日中戦争の二倍の戦争は不可能である」（牧野二〇一〇：四〇）と要約できる。経済学者の協力を得ての日本経済の実力評価は、アメリカという強力な経済力と軍事力を持つ国との戦争は無理であるとの結論だったのである。しかし軍部は戦争を起こすかどうかの決定は自分たちの決めること、という意向の下、戦争に走ったことは歴史の教える通りである。秋丸報告が真に開戦に消極的だったかどうか、戦後になって論争にもなったが、ここではそれには言及しない。

なお何かにつけて陸軍と対比される海軍も、秋丸機関に対抗して「ブレーン・トラスト」、そして後には「政治研究会」や「対米研究会」なる組織をつくり、政治学者や経済学者を集めて日本経済と軍備の力量を研究して、戦時での対処策のアドバイスを求めていた。詳細を述べないが、陸軍出身の東條英樹首相を倒すための作戦への一助を果たしたことだけ記しておこう。

戦時中の経済学者の役割は、専門知識を生かしてのアイディア提供と分析結果の提出に終始して、経済や軍事行動の運営に直接関与したことはなかった、とまとめられる。しかし、政府や軍部が経済の学識と分析が大切であると認識した効果は大きく、戦時中に活躍した経済学者（代表的には有沢広巳と中山伊知郎）が戦後になってから、政府の審議会で重要な役割を演じるようになる土台になったことは特筆されてよい。

八幡・富士製鉄の合併における近代経済学者の活躍

政府・官庁は政策を実施するに際して審議会を設けて、法律の施行や政策の実行の是非を問う機会を設定する。当事者（賛成者と反対者の双方）と中立者（学者が多い）から成る審議会であるが、内閣や官庁の意向が反映された決定のなされることが多く、審議会は内閣や官庁の決定にお墨付きの権威を与える機関にすぎない、とみなされていた。

なぜこのような実質的決定に関与しない学者が審議会の中立委員に名を連ねるのかといえば、名誉と勲章ねらいという声がある。さらに、政府が何を考えているかを知ることができること、門外不出のデータに接することが可能というメリットがある。内閣・官庁も審議会に権威を持たせるために、有名教授や一流大学の学者を選ぶ傾向が強い。学者が政策の現場に関与する程度はせいぜいこの程度であった。

ところがこの殻を破る事件が一九六八（昭和四三）年に起きた。日本の製鉄業界の勢力を二分する八幡製鉄と富士製鉄が合併の方針を打ち出したのに対して、近代経済学者のグループ一〇〇名ほどが反対ののろしを上げたのである。新聞、テレビ、雑誌などを用いて、強硬な反対キャンペーンを張るようになったのである。

両製鉄会社は戦前は、国策会社としての官営八幡製鉄所を起源とする日本製鉄として一つの会社であったが、戦後の独占禁止政策によって分割されていたのを、もう一度合併するというものである。世界的に鉄鋼業の競争は激烈になっていたので、規模をもっと大きくして競争に打ち勝つ手段として合併を考えたのであった。これが独占をもたらして、マイナス効果が大きくなることを危惧した近代経済学者が、反対の声を大きく鳴らしたのであった。

学者は静かに勉強して書物や論文の執筆、そして大学での学生の教育をしておればよい、という雰囲気の強かった時代に、突如として学者が現実の経済の動きに反旗を翻したので社会は驚いたのであった。しかもマルクス経済学者ならともかく、資本主義の立場で経済学を考える近代経済学者の反対の声なので、奇異な目で見られたことも騒ぎを大きくした。政府側、特に財界側も近代経済学者は自分たちの見方と思っていた節もあったので、意外なところからの反対に戸惑いがあったと思われる。

近代経済学ではミクロ経済学の一分野として独占・寡占理論があり、ある製品を作っている企業の数が一社とか、あるいはほんの数社しかないと、企業は市場支配力を発揮して価格を上げることが可能となる。無数の企業のある競争状態で決まる価格よりも高くなるので、消費者は高い価格の品物を買わされるので不利を蒙る。これは望ましくないとして、独占や寡占を排除する。これが法律として生きているのが独占禁止法である。八幡と富士の合併は鉄鋼製品の市場占有率を高めすぎるので、自由競争市場による競争メカニズムのメリットを阻害するというのが、経済学という学問からの反対論であった。

政界・財界・官界の推進論は、国際的な競争に立ち打つことができるとか、経営基盤が強くなるとか、研究開発が熱心になるとかの理由を根拠にしていた。さらに、八幡や富士に規模として劣位にある住友金属や川崎製鉄が、通産省の設備投資調整政策を嫌って、自社の設備を大きくしようとする意図があった。それを認めてもらうために、鉄鋼業界に睨みを利かせたいという思惑の賛成論もあった。

どのような近代経済学者が反対していたかといえば、発起人として建元正弘、内田忠夫、舘龍一郎、熊谷尚夫、渡部経彦、小宮隆太郎、荒憲治郎、青山秀夫、福岡正夫、辻村江太郎などそうそうたる学者の名前があり、総計一〇〇名ほどの反対署名であった。東大、京大、阪大、一橋大、慶應大といったそれこそ日本を代表する近代経済学者、それにごく少数のマルクス経済学のシンパの集まりで、社会へのインパクトには絶大なものがあった。後になっての回顧録を読むと、中でも内田忠夫、渡部経彦というこの二人の扇動者が、マスコミに大々的に声明を発表したことが大きな反響を呼んだ。

八幡・富士の合併案は公正取引委員会の審査を経て、合併は承認されて一九七〇(昭和四五)年に新日本製鉄が誕生した。近代経済学者グループの反対運動はムダだったのだろうか。筆者は必ずしもそう判断してはいない。なぜならば経済政策の決定に際しては学問的な分析と議論も必要であるとの問題提起をして、世論や社会に大きなインパクトを与えた。さらに政策担当側も自分たちの意向だけで経済政策を企画・実施できないと思わせたのである。まとめれば、学問的な議論の必要性を世間に知ってもらえたことにある。

この騒動を機にして経済学者が審議会やマスコミなどで発言する機会が増加したのである。ではその後に近代経済学者がグループをつくって、八幡・富士のような大掛かりな論争を提起したかといえば、それほどの機会はなかった。一九七一(昭和四六)年に「円レートの小刻み調整についての提言」という形で、三六名の近代経済学者が世間に提言したのが目立つほどで、八幡・富士の合併時のような大々的な提言なり、それらに伴う議論の沸騰はなかった。むしろ個人の経済学者が経済政策に関する意向をマスコミで発したり、あるいは政府の審議会での発言、そして中には政府の中枢に入って政策の企画・実行を行うようになったのである。グループ活動から個人活動への変化、とみなしてよい。

竹中平蔵（一九五一―）

経済学者が個人で政策担当の第一線として仕事をした人として、竹中平蔵をここで紹介しておこう。経済学者から転じて小泉純一郎内閣の大臣（経済財政政策、金融、総務）を五年半余も務めたので、正に政策担当の政治家としては異例の大活躍をした人と考えてよい。竹中の評価については功罪半ばなので、できるだけ客観的に記しておきたい。

一橋大学を卒業後、日本開発銀行に就職する。そこの設備投資研究所で経済学の研究に従事した。その間にアメリカのハーバード大学、ペンシルベニア大学等に留学し、当時既にスターであったローレンス・サマーズやジェフリー・サックス等と知り合いとなり、これが竹中の影響力を高めた。大蔵省の財政金融研究室（後の研究所）に入ってから、これまでの研究をまとめて『開発研究と設備投資の経済学』を出版した。この書を母校・一橋大学に博士号取得希望として提出したが、受理されず、後に大阪大学から博士号を取得している。

その後慶應義塾大学の教授となったが、竹中の真骨頂はここから始まる。現実の経済政策の担当者になりたいという希望から政府の中枢に入り込み、ついには小泉政権の大臣にまで登りつめるのである。小泉首相の信頼の厚い経済ブレーンとなり、政策担当としていろいろな政策を実行したのである。当時はバブルが崩壊して金融不況の時代であり、銀行の不良債権処理に辣腕を振るったし、郵政民営化政策にも関与した。具体的にどのような不良債権処理策を実施したかはここでは書かないが、竹中がこれにある程度成功して日本経済を破滅から救ったことには率直に評価しておこう。大胆な政策が実施できたのは、首相というトップの支持と支援があったからである。

竹中の経済思想を一言書いておこう。小泉首相がサッチャー英首相、レーガン米大統領の経済思想を支持していたので、竹中も市場原理主義あるいは新自由主義の支持者と言ってよい。規制緩和、競争促進、福祉削減が基本政策であった。小泉首相当時に日本で格差問題が話題となり、小泉・竹中路線は格差の元凶とまで言われることもあったが、筆者は日本の格差拡大は既に一九八〇年代から始まっており、小泉・竹中路線の政策はそれを助長したにすぎない、との判断である。格差のことは後に橘木のところで再述する。

どの近代経済学者がどの分野の研究で業績を上げたか

戦後になって一部の近代経済学者は世界的な研究業績を上げるようになった。代表的には森嶋通夫、宇沢弘文、根岸隆といった人々で、これらの人については既に紹介した。これらの人々のみならず、日本人が英語で国際経済学術誌に出版して、多大な貢献をしたのでそれらの人をここで紹介しておこう。表10－1は一九五〇(昭和二五)年から二〇一〇(平成二二)年までの六〇年間

表10－1　国際経済学術誌への掲載ランキング

	名前［所属］	件	標準値
1	藤田昌久［甲南大］	37	493.8
2	金子　守［筑波大］	32	411.1
3	松山公紀［ノースウエスタン大］	26	375.3
4	雨宮　健［スタンフォード大］	39	357.2
5	西村和雄［京都大］	42	294.9
6	矢野　誠［京都大］	26	277.2
7	稲田献一［大阪大］	24	264.2
8	青木正直［カリフォルニア大］	25	252.3
9	森嶋通夫［大阪大］	33	242.1
10	鈴村興太郎［早稲田大］	31	238.1
11	佐藤隆三［ニューヨーク大］	32	231.2
12	小西秀男［ボストンカレッジ］	24	223.4
13	宇沢弘文［中央大］	20	215.8
14	青柳真樹［大阪大］	14	208.7
15	林　文夫［一橋大］	14	197.7
16	金本良嗣［東京大］	18	193.5
17	田渕隆俊［東京大］	20	191.4
18	武藤滋夫［東京工業大］	19	191.0
19	佐々木公明［東北大］	17	190.1
20	伊藤隆敏［東京大］	17	189.0
21	市石達郎［一橋大］	20	187.5
22	浜田宏一［東京大］	18	186.8
23	霍見浩喜［ラトガース大］	18	186.2
24	佐藤和夫［ラトガース大］	18	182.6
25	宮際計行［エモリー大］	21	177.4
26	速水佑次郎［青山学院大］	26	177.0
27	森棟公夫［京都大］	24	177.6
28	松島　斉［東京大］	16	172.0
29	高山　晟［国際基督教大］	22	169.9
30	井上　篤［ノースカロライナ州立大］	17	168.7
31	上東貴志［神戸大］	14	166.2
32	佐和隆光［滋賀大］	17	157.5
33	太田　宏［青山学院大］	27	157.2
34	梶井厚志［京都大］	25	153.7
35	奥野（藤原）正寛［東京大］	18	151.9
36	田中勝人［一橋大］	12	150.6
37	井堀利宏［東京大］	16	147.7
38	神取道宏［東京大］	12	147.1
39	畠中道雄［帝塚山大］	11	143.4
40	清滝信宏［プリンストン大］	15	142.5
41	鍋谷清治［東京国際大］	11	141.1
42	八田達夫［東京大］	17	140.9
43	下村耕嗣［神戸大］	23	138.5
44	松井彰彦［東京大］	16	137.6
45	根岸　隆［青山学院大］	23	136.6
46	新谷元嗣［バンダービルト大］	14	136.5
47	ハシモトマサノリ［オハイオ州立大］	13	136.0
48	岡田　章［一橋大］	12	132.6
49	堀　　元［東北大］	11	130.9
50	石川城太［一橋大］	13	128.3
51	野口光宣［京都大］	9	127.7
52	橘木俊詔［京都大］	10	127.6
	岩井克人［東京大］	5	127.6

出所）『大学ランキング　2012』

注）「件」は論文掲載の雑誌件数。「標準値」はAERの１ページの文字数を標準値として換算。

この表は楠本捷一郎の大変な苦労によるものであるが、本人の死亡により最近のデータによる成果は利用可能ではない。

にわたり、日本の経済学者が世界の学術誌に、誰がどれだけの量の出版したかを記すものである。氏名、主とした所属先、それに量（論文件数とAmerican Economic Review：AER）誌を基準にしての標準値換算の二つ）である。なぜ換算するかといえば、共著論文であれば一人当たりに換算し、かつ学術誌によってページあたりの文字数が異なるので、代表的なＡＥＲの基準に合わせたページ数の合計である。

トップテンにいる人の専門をここに書いてみて、日本人がどの分野の経済学に強いかがかなりわかるようにした。藤田：都市経済学の理論、金子：ゲーム理論、青木（正直）：理論経済学、雨宮：計量経済学の理論、西村・矢野・稲田：数理経済学、森嶋・鈴村：理論経済学。これら大活躍した人の専門は数学をフルに用いた理論経済学の論文を出版した人と、計量経済学の統計理論家であることがわかる。トップ一一位以下の人も大半は数学を用いた理論経済学、そして統計理論家である。

この表で出現した人の専門をまとめれば、理論経済学、ゲーム理論、統計理論といった数学を用いる人が圧倒的に多いことを再述しておこう。それに続くのが国際経済学、財政学、都市経済学、といった応用分野であるが、これらの人も政策や実証の研究よりも理論研究である。特筆すべきは二六位という唯一の速水佑次郎の農業経済学である。

この表から得られるコメントをいくつか付加的に述べておこう。第一に、トップの藤田は都市経済学の大物で、ノーベル経済学賞を受賞するかもしれないと予想されたほどである。経済学の大物、ポール・クルーグマンと同時受賞の期待があったが、クルーグマンが単独で貿易理論の分野で受賞したので、藤田の可能性が低くなったのである。

第二に、九位に森嶋通夫、一三位に宇沢弘文で上位にいるが、既に紹介した国際的にいい仕事をしたとされる根岸隆は四五位でそれほど上位ではない。非常に質の高い論文を出版した彼であるが、論文数で評価するとそう目立つ位置におらず、研究の質と量に相関はさほどないとみなせるのが根岸の典型例である。

第三に、日本では近代経済学において、経済理論に基づいて経済政策を立案することの大切さを説き、かつ日本経済の解釈に画期的な仕事をした小宮隆太郎（東大）がこの表にはいない。日本語での研究業績が中心だったので英語の論文出版がさほどないことによる。とはいえ誰しもが日本経済学界を代表する人とみなしており、しかも文化勲章まで受賞しているほどである。小宮の例は英語での仕事だけがその人の研究業績を示すものではないと教える格好の例である。ついでながら根岸隆も文化勲章の受章者である。

この表は繰り返すが欧米の学術誌で出版された論文からの情報である。日本語で書かれた経済学の論文は無視である。幸か不幸か英語が学問の世界での共通語なので、英語の学術誌で経済学者の評価をするのは間違いではない。ただし、小宮隆太郎の例でも示されたように、日本語で公表された書物の中にも質が高く、かつ影響力の強い内容を含んだ仕事がある。特に日本に関する経済政策や実証研究に関しては、逆に英語で出版しようとしても外国の学術誌が日本に関心を示さずに、出版が不可能になることがかなり多い。これらの分野に関する研究には日本語による書物、論文での評価が欠かせない。

平成時代の加藤寛（一九二六－二〇一三）、浜田宏一（一九三六－）、橘木俊詔（一九四三－）

平成時代に注目してみよう。『中央公論』二〇一八年一月号が、平成の一〇〇人という特集号を発行したとき、四名の経済学者の名前が挙げられた。加藤寛、橘木俊詔、竹中平蔵、浜田宏一であった。竹中は政治の場における経済政策の担当者であり、別のところで既に述べた。加藤は狭義の学術論文の人というよりも幅広い経済政策の分野で発言し、政府の審議会で大活躍をした人であった。

慶應義塾大学で教育を受け、同大学で教授を務めた人である。若い頃はソ連経済の研究を行ってから、経済政策の研究を行った。『経済体制論』、『経済政策論』などの著作を出版して、この分野での権威者となった。時々の経済政策の分野でも発言するようになり、政府から助言を求められるようになった。国鉄民営化論や政府税制調査会などで指導力を発揮した。

浜田宏一は東大で教育を受けてから、エール大学でPh.D.を取得した。マクロ経済学、国際金融論の専門家である浜田の秀才ぶりは東大の学部生時代から有名で、法学部在籍中に困難な司法試験と国家公務員上級試験に合格し、経済学転部後に大学院入試に合格している。いわゆる東大生の「試験合格三冠王」を制覇したのである。司法とキャリア官僚の道を歩まず、経済学者の道を選んだ人である。

経済学での専門分野で数々の学術論文を、マクロ経済、為替政策、国際資本移動、財政・金融政策などの領域で発表し、国際的な評価を得た。代表作はHamada（1985）である。東大教授を辞してエール大学教授に転進したので、頭脳流出の一人であった。

人生の後半期ではアメリカにいながら日本の経済政策に関して発言を続け、それが安倍晋三首相の目に留まり、安倍内閣の経済ブレーンとなった。いわゆる安倍経済政策の柱であるアベノミクスの学問的バックボーンを提供した。すなわち、金融緩和策、構造改革、減税政策、といった内容が経済政策の根幹であった。低成長経済から脱却できていないという視点からはアベノミクスは評価されないが、これらの政策がなければ日本経済はもっと悪化していたであろうとして、アベノミクスを弁護する意見もあり、評価が二分されており成果については賛否両論である。

もう一人の人・橘木をここで論じるのは、筆者本人なので大きなためらいがあるが、『中央公論』による平成の四名に免じて紹介しておこう。橘木俊詔は小樽商大と阪大で学んでから、ジョンズ・ホプキンス大学でPh.D.を取得した。その後フランスで四年間、国立統計経済研究所とOECDにおいて経済学の研究を行ったので、日本人にしてはアメリカ・イギリスの経済学だけでなく、フランスの経済学にも知識のある珍しい人である。

専門は労働経済学、公共経済学である。日本社会に与えたインパクトの大きさからすると、日本が格差社会に入ったという論説を最初に主張した論客であった。一億総中流社会の日本、すなわち所得分配の平等性が高いと信じられてきたが、日本も所得格差が拡大中との主張であった。例えば橘木（一九九八・二〇〇六・二〇〇九）を参照。不平等性に関する論調はマルクス経済学の専売特許の感があったが、近代経済学から出てきた主張には意外なこと、との印象もあった。橘木の分析結果については賛否両論があったが、フランスのトマ・ピケティ（二〇一六）は資本主義経済は宿命として格差拡大は避けられないと理論的に解明し、かつ資本主義国のおよそ二〇カ国でそれを実証した。日本もこの二〇カ国の中に含まれていたので、日本の格差社会突入はほぼ確実とみなしてよい。

近代経済学の目的の一つは経済効率性の追求であり、自由経済と競争の賛美がそれを達成すると信じられているが、それが行き過ぎると分配の平等が犠牲になりうる。これを経済効率性と公平性のトレードオフ関係と称するが、これまでの経済学はこの両方を満たす理論を提唱できなかった。どこまでの所得分配の不平等を許容するかは個人の価値判断にも依存する。これらのことを考慮しながら、効率性と公平性のトレードオフ関係を打破し、すなわち両方を達成できる経済学を打ち出すことが、次世代の経済学者の役割である。

どこの大学が研究業績を示したか

これまでは個人の研究業績とその分野に関心を寄せたが、次の関心はそれらの人がどこの大学に属しているかである。まずは日本の大学かそれとも外国の大学か、である。それは表10－1によって容易に検証できる。研究業績の高い経済学者の五十数名の所属先からそれが読み取れる。繰り返すがこれは外国の学術誌に英語で発表された論文に限られるので、日本語のものは考慮されていない。

この表で外国の大学に在籍している人は一二名に達している。現在は日本の大学の所属になっているが、長い年数にわたって外国の大学に在籍した人もかなり存在する。例えば、藤田昌久（ペンシルヴァニア大）、森嶋通夫（ロンドン大）、宇沢弘文（シカゴ大）、高山晟（パーデュー大）、などである。これらの人を加えると一六名にも達しており、三〇％前後の経済学者が外国の大学に在籍している、あるいはいたことになる。

近代経済学の世界がいかに国際化しているのかがここでもわかる。特に英語で教えねばならないので、アメリカの大学では教育の質も問われている中、一般に英語の不得手な日本人ながらよく頑張っている。大半はアメリカの大学でPh.D.を取得していると想像してよい。なぜなら大学教育を英語で受けたことが、英会話能力を高めること間違いないからである。ただし、森嶋通夫、宇沢弘文といった超大物は英米の大学院で教育を受けていないので、英語で教えることに多少の苦労はあったろうが、経済学の研究業績が抜群なのでそれで充分な教授資格であった。

次は日本の大学に属している人で、どの大学に属しているかに注目してみよう。表10－2は大学別（それも研究科（旧来の学部のこと）か、それとも付置研究所かの区別を含めて）に研究業績を示したものである。研究者の業績評価の一つの基準として、本人の発表した論文がどれだけ引用されているか、がある。学術価値が高くて、影響力のある論文ほど引用回数が増加するのは自然なので、有効な基準の一つである。

二〇〇九（平成二一）年と少し古いが、どの論文が誰によって引用されているかを探す作業は大変な労力を必要とするので、そう頻繁になされるものではなく、貴重な成果なので古いのには目をつぶる。この表には教員数、総被引用数、そしてそれを一人当たりに換算した数が示

表10－2　主要経済系部局の研究業績

	教員数	総被引用数	一人当たり被引用数
東京大学経済学研究科	61	7694	126.013
大阪大学経済研究所	14	1593	113.079
京都大学経済研究所	24	1961	81.71
一橋大学経済学研究科	56	1407	25.13
一橋大学経済研究所	29	624	21.52
神戸大学経済学研究科	51	792	15.53
大阪大学経済学研究科	44	655	14.90
京都大学経済学研究科	37	524	14.16
東京大学社会科学研究所	35	461	13.17
早稲田大学経済学研究科	39	503	12.90
慶應義塾大学経済学研究科	70	902	12.89
北海道大学経済学研究科	44	376	8.55
神戸大学経済経営研究所	23	144	6.26
名古屋大学経済学研究科	42	253	6.02
九州大学経済学研究院	56	199	3.55
東北大学経済学研究科	61	142	2.33
合計、平均	686	18230	平均 26.57

出所）二神孝一ほか「主要経済系部局の研究業績比較（2009年）」

されている。一人当たり被引用数の多いほど、質が高くてかつ影響力の強い論文を公刊している大学とみなしてよい。

この表からいくつかの興味ある事実を指摘できる。第一に、いい論文を発表している大学は、東大、阪大、京大、早稲田大、慶應大、北大、名大、九大、東北大である。国立大では旧制七帝国大学と旧商大の流れを持つ大学（一橋大と神戸大）、私立大は早慶両大学なのである。日本の大学を質で評価すると、旧帝国大と早慶両大学が上位にいるというのが衆目の一致する点である。さらに経済系であれば一橋大と神戸大の名声の高いこともよく知られており、研究成果の良好な大学がこれらの大学なので、この表の結果にさほどの驚きはない。

第二に、研究科（旧学部）と研究所の違いに注目してみよう。東大と神戸大は研究科の方が研究所より上であるが、他の大学、すなわち阪大、京大、一橋大では研究所が研究科より上である。日本の経済学系は研究科（旧学部）と研究所の二つが並存するという異様な姿にある。前者は主として大学院と学部の教育を担当すると同時に、研究を行うのが主とされ、後者は大学院の教育と研究を行うというのが主務である。両者の違いは学部の教育を担当するかどうかにある。

なぜこのように一つの大学に学部（今は研究科）と研究所の二本立てになったのか、大学によって歴史的経緯は異なる。東大を例にすれば終戦後に社会科学研究所が創られ、旧来の経済学部とは異なる発想で、例えば「平和と文化の日本」を建設するための研究を行うことが期待された。一橋大は太平洋戦争の開戦直前に東亜経済研究所として創られ、日本と世界の経済を研究する目的であった。京大は一九六二（昭和三七）年に産業経済を研究する目的での創設であったが、背後には京大の経済学部はマルクス経済学が強かったので、政府と財界の後押しによって近代経済学を研究する場を創る意図もあった。

筆者は京大の経済研究所に二十数年在籍していたので、状況をよく知る立場にいたのであり、当時の学部と研究所の違いを述べておこう。研究費額の違いは歴然としていた。すなわち研究所はそれが豊富で学部は貧困であった。それは研究所に自然科学のような実験講座が多かったのであり、非実験講座の二〜三倍はあった。それによって教員二人当たりに研究秘書が一人研究所にいたので、英文タイピングをはじめ補助的な仕事を支援できる体制にあった。さらに学部の授業を教えないので時間に余裕があり、研究時間は当然多いし、国内と外国出張がかなり自由にできて、学会や出張などの参加の機会に恵まれていた。まとめれば研究所の研究条件はかなり恵まれていたので、本人さえやる気があれば研究業績を上げることができた。

ではやる気の多い人がいるかと問われれば、ここで書いたように研究条件が恵まれているので、有能でやる気のある人を集められる素地があったとみなせる。さらに研究能力といった点でもそれに優れた人を集めることのできる背景はあったと言える。これを証明するのは個々の研究者の学力、資質にまで立ち入らないと困難なので、なかなか一般的な評価ができない。

一つのとても間接的な情報として、ここで列挙された大学の経済学部に入学するには高い学力の必要なことを知っておこう。表10－3は入学難易度を国立大、私立大別に示したものである。

表10－3　経済学部における入学難易度の過去と現在

	1960年		2013年	
順位	大　学	点	大　学	偏差値
国公立大学・経済学部				
1	東京大学	225	東京大学	72
2	京都大学	214	京都大学	70
3	一橋大学	210	一橋大学	69
4	神戸大学	196	大阪大学	68
5	大阪大学	195	名古屋大学	67
6	名古屋大学	190	神戸大学	67
7	横浜国立大学	190	東北大学	65
8	長崎大学	177	北海道大学	64
9	九州大学	176	横浜国立大学	64
10	東北大学	176	九州大学	64
11	大阪市立大学	172	千葉大学（法経）	63
12	和歌山大学	171	広島大学	62
13	香川大学	171	名古屋市立大学	62
14	滋賀大学	170	大阪市立大学	62
私立大学・経済学部				
1	慶應義塾大学	189	早稲田大学（政経）	69
2	早稲田大学（政経）	187	慶應義塾大学	67
3	関西学院大学	163	上智大学	65
4	同志社大学	147	明治大学（政経）	64
5	上智大学	143	青山学院大学※	63
6	南山大学	128	同志社大学	63
7	成蹊大学（政経）	116	中央大学	62
8	立教大学	113	立教大学	62
9	学習院大学（政経）	110	青山学院大学	61
10	青山学院大学	109	南山大学	61
11	明治大学（政経）	100	立命館大学	61
12	中央大学	99	関西学院大学	61
13	西南学院大学	99	学習院大学	60
14	武蔵大学	95	法政大学	59

出所）小林哲夫『ニッポンの大学』講談社現代新書、2007年をもとに作成
注）1960年は旺文社模試の合格者平均点、2013年は代々木ゼミナール。※は国際政治経済学部

これによると、明らかに研究実績の高い大学と入学の困難な大学の一致していることがわかる。すなわち学力の高い学生がこれらの大学には多く入学しているのである。日本の大学の教員は自校出身の卒業生を採用する比率が高いので、この表はとても間接的でありながらも、研究者になる人の資質の高いことを予想させる。

ここで日本の大学がどれだけ自校出身者を教員として採用しているか（それを純血率と称する）を確認しておこう。**表10－4**がそれを示したものである。一昔前はその純血率は名門校ほどかなり高かったが、現代では最高でも五〇％前後なので、純血率は減少している。これは好ましい傾向と理解してよい。「同じ釜の飯を食う」ということわざがあり、仲間意識の高まりというメリットもあるが、仲間ばかりだとどうしても保守的になりがちである。新しい血を入れた方が組織は活性化する。

でもここで述べたこと、すなわち入学の困難な大学と優秀な研究者の存在の相関度が高いということを強調することは困難である。すなわち、平均的な資質の高いという事実だけで個々の研究者の業績まで予想するのは危険である。個々人の学力・資質に加えて、本人の努力がどれだけあるかが重要であるし、良い研究を行うには創造性や執着心といった特別な才能も必要である。これらの情報を**表10－4**から知ることは不可能である。

さらに、純血率が低くなっている時代においては、個々の研究者がどういう大学、大学院でどれだけ勉強したのか、どういう指導教員の下で研鑽したかもかなり重要である。これをここで述

表10－4　経済学部教員の純血率

	大　学	%
1	神戸大学	55.6
2	同志社大学	50.0
3	京都大学	46.9
4	早稲田大学（政治経済）	44.8
5	明治大学（政治経済）	41.7
6	東京大学	40.0
7	九州大学	36.8
	東北学院大学	36.8
9	関西学院大学	35.8
10	大阪市立大学	35.7
11	慶應義塾大学	33.6
12	大阪大学	33.3
13	名古屋大学	28.9
14	立教大学	28.6
15	中央大学	28.6
16	創価大学	28.4
17	日本大学	22.7
18	東北大学	20.8
	北海道大学	20.8
20	上智大学	17.2
21	広島大学	13.6
22	一橋大学	12.5
23	拓殖大学（政経）	11.8
24	駒沢大学	11.1
25	青山学院大学	10.9
26	立命館大学	10.8
27	兵庫県立大学	10.6
28	南山大学	10.5
29	関西大学	10.2
30	法政大学	10.1
31	専修大学	9.3
32	神奈川大学	8.9
33	福岡大学	8.8
34	広島経済大学	8.1
35	大東文化大学	7.3
36	國學院大学	6.5
37	近畿大学	6.0
38	聖学院大学（政治経済）	5.9
39	富山大学	5.4
	京都産業大学	5.4
41	名古屋市立大学	5.3
42	大阪学院大学	5.0
43	中京大学	4.8
44	東海大学（政治経済）	4.7
45	龍谷大学	4.5
46	東洋大学	4.3
47	名古屋学院大学	4.2
48	亜細亜大学	3.8
49	金沢大学（経済学類）	3.2
	山口大学	3.2
	追手門学院大学	3.2
52	信州大学	2.9
	学習院大学	2.9
54	成城大学	2.6
55	新潟大学	2.3
	青森公立大学（経営経済）	2.3
57	成蹊大学	2.1
	東京経済大学	2.1
	北海学園大学	2.1
60	北星学園大学	2.0
	麗澤大学	2.0
62	長崎大学	1.9
	獨協大学	1.9
64	滋賀大学	1.8
65	和歌山大学	1.4

出所）『大学ランキング　2014』
注）2012年度における専任の教授、准教授、講師、助教以上。最終学歴（大学院を含む）が自校出身者。

べることはできないが、既に紹介した格別に高い研究業績を挙げた人の個々の教育歴と職歴、そして人物評からそれらを嗅ぎとってほしい。

編著『日本における女性と経済学』北海道大学出版会、89-116頁
美濃口武雄（1986）「経済学説・思想史」一橋大学学園史刊行委員会『一橋大学学問史　一橋大学創立百年記念』一橋大学、989-1005頁
美濃口武雄・西沢保（1999）「経済再建から高度成長へ」池尾愛子編『日本の経済学と経済学者』日本経済評論社、251-304頁
宮崎義一（1966）『現代日本の経済機構』新評論
宮本憲一（1976）『社会資本論』有斐閣
Morishima, M. (1964) *Equilibrium Stability and Growth: A Multi-Sectoral Analysis*, Oxford University Press.
Morishima, M. (1969) *Theory of Economic Growth*, Oxford University Press.
モーリス＝鈴木、T.（1991）『日本の経済思想―江戸期から現代まで』藤井隆至訳、岩波書店（T. Moris-Suzuki, *A History of Japanese Economic Thought*, Routledge, 1989.）
矢内原伊作（1998）『矢内原忠雄伝』みすず書房
八木紀一郎（1999）「経済学の学術体制」池尾愛子編『日本の経済学と経済学者』日本経済評論社、65-112頁
山田盛太郎（1934）『日本資本主義分析』岩波書店

根岸隆（2011）『一般均衡論から経済学史へ』ミネルヴァ書房
ノイマン、J.F.／モルゲンシュテルン、O.（2009）『ゲームの理論と経済行動 1・2・3』銀林浩ほか訳、ちくま学芸文庫（J.Neumann and O.Morgenstern, *Theory of Games and Economic Behavior*, Princeton University Press, 1944.）
野呂栄太郎（1930）『日本資本主義発達史』鉄塔書院
Hamada, K.（1985）*The Political Economy of International Monetary Interdependence*, MIT Press.
早坂忠・正村公宏（1974）『戦後日本の経済学─人と学説にみる歩み』日経新書
ハロッド、R.（1967）『ケインズ伝（全２巻）』塩野谷九十九訳、東洋経済新報社（R. Harrod, *The Life of John Maynard Keynes*, Macmillan, 1951.）
ヒックス、J.R.（1951）『景気循環論』古谷弘訳、岩波書店（J.R. Hicks, *A Contribution to the Theory of the Trade Cycle*, Oxford Clarendon Press, 1951.）
ヒックス、J.R.（1970）『経済史の理論』新保博・渡辺文夫訳、日本経済新聞社（J.R. Hicks, *A Theory of Economic History*, Oxford Clarendon Press, 1969.）
平田清明（1969）『市民主義と社会主義』岩波書店
平田清明（1971）『経済学と歴史認識』岩波書店
広松渉（1968）『マルクス主義の成立過程』至誠堂
堀江邑一編（1948）『回想の河上肇』世界評論社
本庄栄治郎（1971）『日本経済思想史』清文堂
牧野邦昭（2010）『戦時下の経済学者』中央公論新社
松井慎一郎（2004）『評伝　河合栄治郎─戦闘的自由主義者の生涯』玉川大学出版会
松平友子（1925）『家事経済学（上・下）─家事生活の経済的研究』第一書房
松野尾裕（2016a）「日本における『女性と経済学』の起点─1910～20年代　山川菊栄の論説にそくして」栗田啓子・松野尾裕・生垣琴絵編著『日本における女性と経済学』北海道大学出版会、９-30頁
松野尾裕（2016b）「松平友子の家事経済学」栗田啓子・松野尾裕・生垣琴絵

橘木俊詔（2017a）『21世紀　日本の格差』岩波書店
橘木俊詔（2017b）『家計の経済学』岩波書店
橘木俊詔（2018）『福祉と格差の思想史』ミネルヴァ書房
橘木俊詔・浦川邦夫（2006）『日本の貧困研究』東京大学出版会
立花隆（2004）『東大生はバカになったか―知的亡国論＋現代教養論』文春文庫
立花隆（2005）『天皇と東大―大日本帝国の生と死（上・下）』文芸春秋
種瀬茂（1986）「マルクス経済学」一橋大学学園史刊行委員会『一橋大学学問史　一橋大学創立百年記念』一橋大学、303-322頁
玉野井芳郎（1971）『日本の経済学』中公新書
土屋喬雄（1937）『日本資本主義史論集』象山社
都留重人編著（1957）『現代資本主義の再検討』岩波書店
都留重人（1972）『公害の政治経済学』岩波書店
都留重人（1975）『都留重人著作集』岩波書店
ディステルラート、G.（2015）「気賀勘重とオイゲン・フォン・フィリッポヴィッチ」池田幸弘・小室正紀編著『近代日本と経済学―慶應義塾の経済学者たち』慶応義塾大学出版会、137-164頁（池田幸弘訳）
堂目卓生（2008）『アダム・スミス―『道徳感情論』と『国富論』の世界』中公新書
長洲一二（1965）『国際化時代の日本経済：転型期を迎えて何処へ』河出書房
長洲一二（1973）『構造改革論の形成』現代の理論社
中村隆英（1980）『日本経済―その成長と構造』東京大学出版会
中村隆英（1986）『昭和経済史』岩波書店
中山伊知郎（1933）『純粋経済学』岩波書店
中山伊知郎（1941）『戦争経済の理論』日本評論社
中山伊知郎ほか（1958）『資本主義は変わったか』東京出版
難波田春夫（1938-42）『国家と経済』日本評論社
西周（1960-71）『西周全集』宗高書房
根岸隆（1965）『価格と配分の理論』東洋経済新報社
Negishi, T. (2004) "Kyoto School of Modern Economic Theory," *The Kyoto Economic Review*, Vol. 73, No.1, pp. 1-10.

鈴木淑夫（1983）『日本金融経済論』東洋経済新報社
大陽寺順一（1986）「社会政策」一橋大学学園史刊行委員会『一橋大学学問史 一橋大学創立百年記念』一橋大学、941-964頁
高田保馬（2004）『勢力論』ミネルヴァ書房
竹田晴人（1999）『日本の経済学と経済学者―戦後の研究環境と政策形成』日本経済評論社
竹中恵美子（2016）「1970年代以降：第二派フェミニズムの登場とそのインパクト」栗田啓子・松野尾裕・生垣琴絵編著『日本における女性と経済学』北海道大学出版会、201-232頁
館龍一郎・小宮隆太郎（1964）『経済政策の理論』勁草書房
Tachibanaki, T. (1996) *Public Policy and the Japanese Economy: Savings, Investment, Unemployment and Inequality,* Macmillan Press.
橘木俊詔（1998）『日本の経済格差：所得と資産から考える』岩波新書
橘木俊詔（2006）『格差社会：何が問題か』岩波新書
橘木俊詔（2009）『東京大学―エリート養成機関の盛衰』岩波書店
Tachibanaki, T. (2009) *Confronting Income Inequality in Japan: A Comparative Analysis of Causes, Consequences, and Reform,* MIT Press.
橘木俊詔（2010）「坂本龍馬の師　横井小楠に学ぶ教育改革」『文芸春秋』10月号、170-178頁
橘木俊詔（2011a）『京都三大学　京大・同志社・立命館―東大早慶への対抗』岩波書店
橘木俊詔（2011b）『女性と学歴―女子高等教育の歩みと行方』勁草書房
橘木俊詔（2012a）『課題解明の経済学史』朝日新聞出版
橘木俊詔（2012b）『三商大　東京・大阪・神戸―日本のビジネス教育の源流』岩波書店
橘木俊詔（2014a）『ニッポンの経済学部―「名物教授」と「サラリーマン予備軍」の実力』中公新書ラクレ
橘木俊詔（2014b）『実学教育改革論―「頭一つ抜ける」人材を育てる』日本経済新聞出版社
橘木俊詔（2015）『経済学部タチバナキ教授が見たニッポンの大学教授と大学生』東洋経済新報社

Keynes, J. M. (1936) *The General Theory of Employment, Interest, and Money*, MacmillanPress.(『雇用・利子および貨幣の一般理論』塩野谷九十九訳、東洋経済新報社、1941)
小池和男(1977)『職場の労働組合と参加―労使関係の日米比較』東洋経済新報社
香西泰・荻野由太郎(1980)『日本経済展望』日本評論社
伍賀偕子(2016)「関西における労働運動　フェミニズムと竹中理論」栗田啓子・松野尾裕・生垣琴絵編著『日本における女性と経済学』北海道大学出版会、233-260頁
小林慶一郎・加藤創太(2001)『日本経済の罠』日本経済新聞社
小宮隆太郎編(1963)『戦後日本の経済成長』岩波書店
小宮隆太郎(1975)『現代日本経済研究』東京大学出版会
向坂逸郎(1937)『日本資本主義の諸問題』黄土社
佐藤金三郎ほか編(1977)『資本論を学ぶ』全5巻、有斐閣選書
篠原三代平(1961)『日本経済の成長と循環』創文社
篠原三代平(1964)『経済成長の構造―転機日本経済の分析』国元書房
柴田敬(1987)『経済の法則を求めて』日本経済評論社
下村治(1958)『経済成長実現のために：下村治論文集』宏池会
下村治(1962)『日本経済成長論』金融財政事情研究会
シュンペーター、J.(1977)『経済発展の理論：企業者利潤・資本・信用・利子および景気の回転に関する一研究』塩野谷祐一・中山伊知郎・東畑精一訳、岩波文庫(J. Schumpeter, *Theorie der Wirtschaftlichen Entwicklung*, 1912.)
シュンペーター、J.(1983)『理論経済学の本質と主要内容』大野忠男・安井琢磨・木村健康訳、岩波文庫(J. Schumpeter, *Wesen and Hauptinhalt der Theretischen Nationalókonomie*, Duncker & Humblot, 1908.)
シュンペーター、J.(1954)『経済分析の歴史』東畑精一訳、岩波書店(J. Schumpeter, *History of Economic Analysis*, Allen & Unwin, 1954.)
杉本栄一(1949)『近代経済学の基本性格』日本評論社
杉本栄一(1950)『近代経済学の解明(上・下)』理論社
鈴木淑夫(1964)『日本の通貨と物価』東洋経済新報社

大内兵衛（1960）『経済学五十年』東京大学出版会
大来佐武郎編（1961）『日本経済の成長と構造（応用経済学３）』春秋社
大河内一男（1970）『社会政策四十年　追憶と意見』東京大学出版会
大塚久雄（1944）『近代欧州経済史序説』時潮社
大塚久雄（1956）『欧州経済史』弘文堂
金森久雄（1968）『力強い太陽―日本経済の高成長力』ダイヤモンド社
亀高京子（2016）「回想　松平友子先生と私」栗田啓子・松野尾裕・生垣琴絵編『日本における女性と経済学』北海道大学出版会、139-174頁
川口浩（1992）『江戸時代の経済思想―「経済主体」の生成』勁草書房
川口浩・石井寿美世・B. グラムリヒ＝オカ・劉群芸（2015）『日本経済思想史―江戸から昭和』勁草書房
川俣雅弘（1999）「経済学者の国際貢献」池尾愛子編『日本の経済学と経済学者―戦後の研究環境と政策形成』日本評論社、113-150頁
岸本誠二郎・都留重人監修（1956）『講座・近代経済学批判』東洋経済新報社
京極高宣（1995）『福祉の経済思想―厳しさと優しさの接点』ミネルヴァ書房
熊谷尚夫（1956）『近代経済学』日本評論社
熊谷尚夫（1964）『経済政策原理―混合経済の理論』岩波書店
Griffiths, R. and T. Tachibanaki (eds.) (2000) *From Austerity to Affluence*, Macmillan Press.
Klein, L. (1950) *Economic Fluctuations in the United States, 1921-1941*, John Wiley & Sons.
クライン、L.（1952）『ケインズ革命』篠原三代平・宮沢健一訳、有斐閣（L. Klein, *The Keynesian Revolution*, Macmillan Press, 1946）
栗田啓子（2016）「女子高等教育におけるリベラル・アーツと経済学―東京女子大学実務科とは何だったのか」栗田啓子・松野尾裕・生垣琴絵編著『日本における女性と経済学』北海道大学出版会、31-60頁
久留間鮫造（1968）『マルクス経済学レキシコン』大月書店
Keynes, J.M. (1919) *The Economic Conseguences of the Peace*, Macmillan.（『平和の経済的帰結』早坂忠訳、東洋経済新報社、1997）
Keynes, J.M. (1930) *A Treatise on Money*, Harcourt-Brace-Jovanovich.（『ケインズ貨幣論』鬼頭仁三郎訳、同文館、1932-33）

参考文献

赤間道夫（1999）「マルクス経済学」池尾愛子編『日本の経済学と経済学者―戦後の研究環境と政策形式』日本経済評論社

荒憲治郎（1986）「近代経済学」一橋大学学園史刊行委員会『一橋大学学問史 一橋大学創立百年記念』一橋大学、283-302頁

有沢広巳ほか編（1968）『現代資本主義講座』東洋経済新報社

有沢広巳（1937）『日本工業統制論』有斐閣

井汲卓一（1948）『日本資本主義論』くれは書店

井汲卓一（1971）『国家独占資本主義論』現代の理論社

井汲卓一ほか編（1963）『現代帝国主義講座』全５巻、日本経済評論新社

池尾愛子（2006）『日本の経済学』名古屋大学出版会

生垣琴絵（2016）「森本厚吉の女子経済教育」栗田啓子・松野尾裕・生垣琴絵編著『日本における女性と経済学』北海道大学出版会、61-88頁

池田幸弘・小室正紀編著（2015）『近代日本と経済学―慶應義塾の経済学者たち』慶應義塾大学出版会

石弘光（1976）『財政構造の安定効果』勁草書房

石弘光（1979）『財政政策の効果―数量的接近』東洋経済新報社

上村協子（2016）「オルタナティブな『生活者の経済』学」栗田啓子・松野尾裕・生垣琴絵編著『日本における女性と経済学』北海道大学出版会、117-138頁

伊東光晴（1962）『ケインズ“新しい経済学”の誕生』岩波新書

猪木武徳（1987）『経済思想』岩波書店

ウェーバー、M.（1955）『プロテスタンティズムの倫理と資本主義の精神』大塚久雄訳、岩波文庫（M. Weber, *Die Protestantische Selten and der Geist des Kapitalismus*, 1904.）

宇野弘蔵（1950）『経済原論』岩波書店

Uno, K.（1980）*Principle & Political Economy*, Harvester Press.

大内力（1967）『ファシズムへの道（日本の歴史24）』中央公論社

大内力編著（1971）『現代日本経済論』東京大学出版会

橘木 俊詔（たちばなき としあき）

1943年生まれ。小樽商科大学、大阪大学大学院、ジョンズ・ホプキンス大学院で教育を受ける。Ph.D.、京都大学経済学博士。阪大、京大教授を経て、同志社大学特別客員教授、現在は京都女子大学客員教授、京大名誉教授。その間フランス、アメリカ、イギリス、ドイツで研究・教育を行う。さらに、経済企画庁、日本銀行、経済産業省などの研究所で客員研究員を経験。元・日本経済学会会長。専攻は労働経済学、公共経済学。

和文、英文、仏文の著書、論文多数。主著として、『Wage Determination and Distribution in Japan』Oxford University Press、『Public Policy and The Japanese Economy』Macmillan Press、『Confronting Income Inquality in Japan』MIT Press、『格差社会』岩波新書、『課題解明の経済学史』朝日新聞出版、『「幸せ」の経済学』岩波書店、『青春放浪から格差の経済学へ』ミネルヴァ書房、『家計の経済学』岩波書店、ほか。

Horitsu Bunka Sha

日本の経済学史

2019年10月15日　初版第1刷発行

著　者　橘　木　俊　詔

発行者　田　靡　純　子

発行所　株式会社 法律文化社

〒603-8053
京都市北区上賀茂岩ヶ垣内町71
電話 075(791)7131　FAX 075(721)8400
http://www.hou-bun.com/

印刷：亜細亜印刷㈱／製本：㈱藤沢製本
装幀：いのうえしんぢ

ISBN978-4-589-04035-0